INDICE

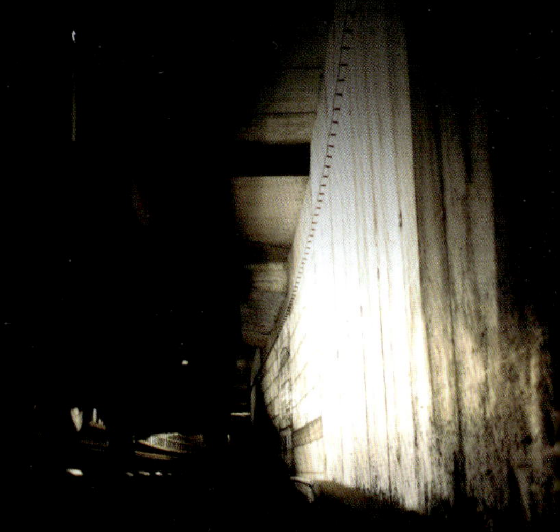

Photo by Alex Fakso

PREFAZIONE

Negli ultimi mesi, per la preparazione di questo blackbook, ho avuto la possibilità di constatare quotidianamente quanto, senza sosta, il **Dottor Poison** sia presente sui convogli della metro B romana. È sbalorditivo vedere quanto secolarizzi con il suo stile e quanto seguito raccolga tra le nuove leve.

Il writing qui viene esercitato ancora in un paradiso e per chi durante la metà degli anni Novanta ha visto dipinto qualunque materiale rotabile circolante sui binari italiani, è un po' come vivere un sogno in cui il tempo si è fermato. O almeno così sembrerebbe...

Questa realtà unica, dal sapore burner, respirata fino a qualche tempo fa, pian piano perde il suo aroma. La linea A, con le nuove carrozze, è ormai trasformata in una tratta ben controllata. La B comincia a essere ripulita con maggiore regolarità, tanto che poterla fotografare, così come mamma l'ha fatta, è un'impresa non del tutto impossibile.

La direzione intrapresa da tali eventi non fa altro che trasformare tutto in Storia. Poterne documentare la grandezza, ora, quando è ancora tutto vivo, è un'occasione da non poter sprecare. È anzi il dovuto.

Vedendo una scena in banchina a Piazza Bologna, dove ad un convoglio ripulito era stato risparmiato il vagone che ospita *"Blue Water"*, sono pervaso dal "legittimo" sospetto che anche al lavaggio abbiano voluto rendere omaggio ai King. Anzi, io sono sicuro di questo.

During the last few months, whilst preparing this blackbook, I had the opportunity to constantly observe daily, how present **Doctor Poison** is on the train cars of the Roman subway B line. It's amazing how secularized his style is and what a following he has amongst new recruits.

The writing here is still done in a paradise in which the mid-nineties saw any type of metal painted that circulated on Italian railways, and it was sort of like living a dream in which time had come to standstill. Or so it seemed....

This unique reality, with a burner flavour, taken up until not so long ago, is slowly losing its aroma. The A line subway, with its new train cars, has now been transformed into an organized and controlled line. The B line is starting to be cleaned up with more frequency that it's almost next to impossible to immortalize it, in it's original splendour.

The direction taken by these turn of events has unfortunately changed history. Being able to document it's splendour now, while it's still vibrant and alive, is an opportunity too good to pass up. Let's just say it's a given. While observing a peculiar scene at Piazza Bologna, I noticed that a whole set of train cars were cleaned up with the exception of one. The car which hosts *"Blue Water"* was saved, and a legitimate thought creeped into my mind...that even the cleaning crew wanted to pay their respects to the King. Indeed, I'm sure of it.

RYO

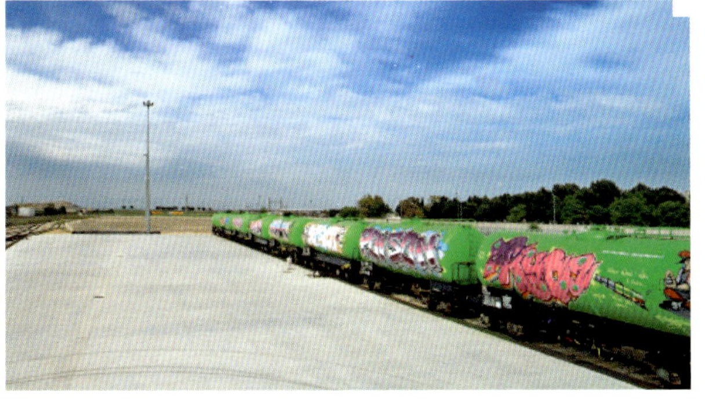

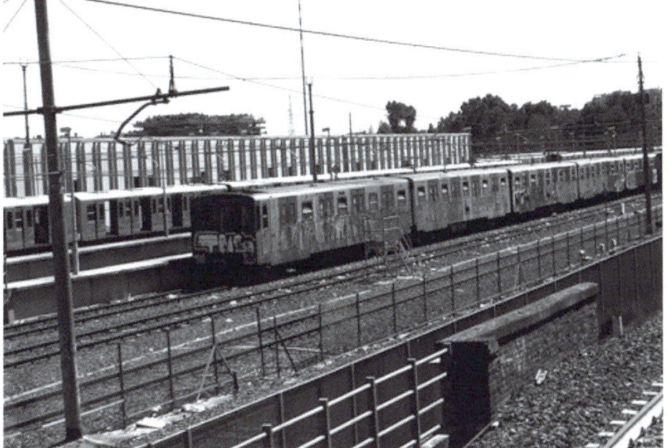

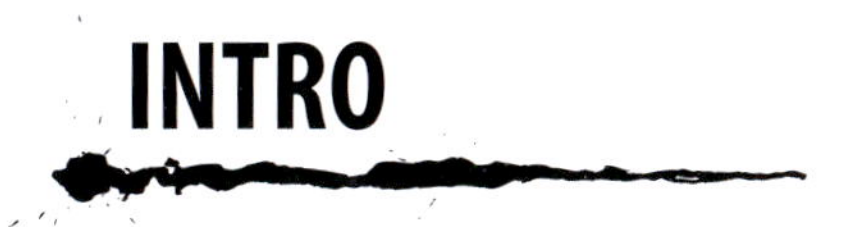

INTRO

Mi fa piacere poter introdurre un writer che viene dal mare, un discotecaro zingaro che non ti aspetteresti mai.
La prima volta che lo incontrai fu davanti ad un negozio dove acquistavamo gli spray.
Mi chiese subito se conoscevo **Stand**, perché voleva entrare in **MT2**... Quando ha iniziato faceva la linea della Roma-lido, e sin da allora riusciva a farsi rispettare in ogni circostanza.

C'è gente che lo fa per passatempo e gente che rimane nel gioco anche quando le situazioni si modificano e la vita ti costringe a sviluppare una diversa attitudine, per non dover mai scegliere di abbandonare.
Lui è di certo tra coloro che non si fermano mai, dimostrando quanto si può essere avanti, sempre massicci.
Per me King di Roma sono stati **Pane**, **Jon**, **Reps** e attualmente, per continuità e costanza, **Poison**.
Dover spiegare qualcosa di così potente e unico diventa molto difficile.
Di certo con l'ausilio delle sole parole si tralascerebbero emozioni che invece le immagini possono aiutare a svelare. Allora ecco il catalogo che con orgoglio ha l'onore di mostrare il meglio del lavoro svolto dal **Dottor Poison**.

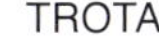

It is my pleasure to introduce a writer who comes from the beach, and who is a gypsy clubber who you'd never expect.
The first time I met him was in front of a shop where we would go to buy spray. He asked me right away if I knew **Stand** because he wanted to get into **MT2**.....When he started , he did the Rome-lido line and since then he's gained everyone's respect under any type of circumstances.

There are people who do it as a pastime and others who do it for fun even when circumstances are forever changing and life obligates you to develop different habits, in order to never have to let go.
For sure, he's one of those people who never stops, showing how someone can be ahead of everyone else in a huge way.
In my personal opinion, King's of Rome have been **Pane**, **Jon**, **Reps** and at the moment, continuously and constantly, **Poison**.

To explain something so powerful and unique becomes very difficult. With only the use of words it's difficult to completely describe the emotions, that only images can transpire.
Therefore, here is a catalogue that we proudly have the honour of showing with the best work done by **Doctor Poison**.

TROTA

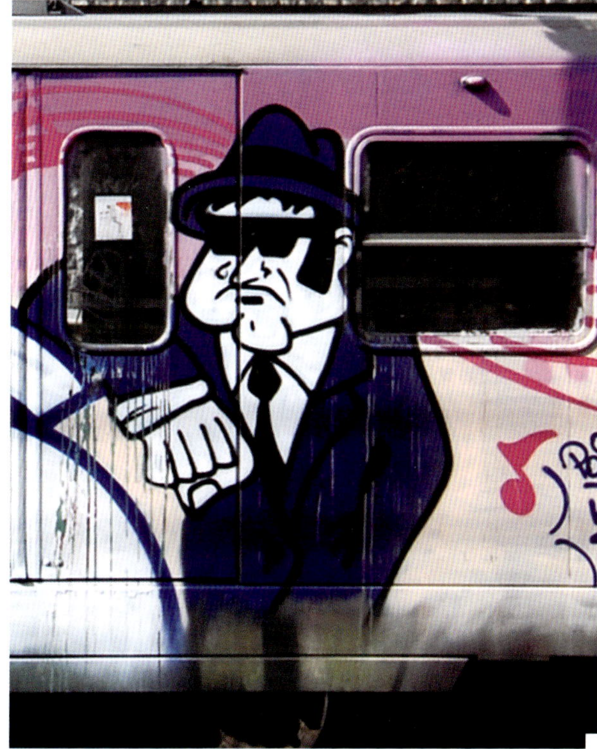

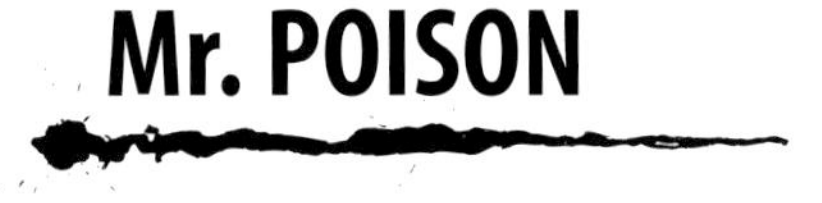

Mr. POISON

La città di Roma costituisce da sempre un centro di gravità per il territorio nazionale ed estero. Il merito è da imputare non solo alle sue bellezze dall'eterna storia, ma anche alle rinnovate espressioni artistico-culturali a cui dà forma.
Molte tra queste affondano le proprie radici nel basso, stringendosi saldamente alla strada, amalgamandosi con il paesaggio urbano, fino a diventare un tutt'uno con esso.
Un tutt'uno con muro, metallo e cemento.
Il writing di **Poison** ne è una prova inconfutabile.
Anche se una ventina di chilometri lo separano da Roma, il suo nome, con caratteri colorati ed evoluti, ma sempre ben distinguibili, viaggia lungo i binari delle FS, dei treni regionali, della metro.
La sua prima tag, **Howen**, risale alla metà degli anni Novanta, seguita solo in un secondo momento da **Poison** e **Veleno**.
Entro breve, le ripetute giornate trascorse a Magliana in banchina, ad osservare i treni dipinti e a scattare foto, si trasformano in interminabili nottate di appostamenti e di azione.
Del 1998 il primo pannello in metro, a Laurentina, con uno strabiliante debutto nella linea B costituito subito da un whole car.
È il principio di una costante ed ossessiva dedizione allo spray, di istinto mescolato a tecnica, di passione e "violenza".
E nella città del bombing, una giungla urbana in cui gli strati di vernice si ammassano l'uno sull'altro, in una continua lotta per l'appropriazione degli spazi, rallentare la corsa significa perdere il proprio posto, vedere il proprio pezzo crossato.
A meno che tu non sia il King.
In più di un decennio **Mr Poison** ha aggiunto pezzi su pezzi ad una produzione che ormai conta circa 700 creazioni.
Di certo il nome della sua crew, **NCL**, acronimo per "Non C'è Limite", descrive a pieno titolo questa singolare attitudine.

Quella che segue è la fedele riproduzione di un'intensa conversazione avvenuta tra **Poison** *e* ***GlobCom*** *in uno dei numerosi incontri notturni di preparazione al libro.*
Una piacevole chiacchierata attorno alla storia presente e passata del writing romano, tracciata seguendo il vissuto di uno dei suoi più abili e significativi protagonisti...

The city of Rome has always been the gravitational centre for both national and foreign territory.
This is thanks to , not only its eternal historical beauty, but also to its ever changing forms of expression through culture and art that is forever taking shape.
Many of these artistic expressions find their roots grounded to the streets, mixing themselves with the urban landscape, until they become one.
A combination of walls, metal and cement.
Poison's writing is proof of this.
Even though roughly 20 km separate him from Rome, his signature, formed by colourful and evolving characteristics, making it always recognizable, travels along the platforms of train stations, regional stops and subway lines.
His first tag, **Howen**, dates to the early 90's, followed only later by **Poison** & **Veleno**. Within a brief period of time, the long days spent in Magliana on the platform, observing train cars painted with pieces and taking pictures, transformed themselves in endless nights of stakeouts and action.
1998 was the year for the first panel on the subway at Laurentina, quickly followed by an astonishing debut on the B line subway by painting a whole train car.
Characterized by a constant and obsessive dedication to spray, instinctively & technically mixed by passion & "violence".
And in the city of bombing, an urban jungle in which strips of paint are added one on top of the other, in a continuing war to take over space, slowing down means losing you're rightfully gained spot, seeing your pieces erased.
Unless you're king.
In more than a decade **Mr. Poison** has added piece by piece to a production that now can count about 700 creations. Of course the name of his crew **NCL**, acronym of "Non C'è Limite" (No limits) best describes this singular and unique way of life and art.

What follows, is a true re production of an intense conversation which took place between **Poison** *and* ***GlobCom*** *in one of many midnight encounters during the preparation of this book.*
This was a pleasant conversation around the past and present history of Roman writing, traced by following the path of one if it's most able and significant stars...

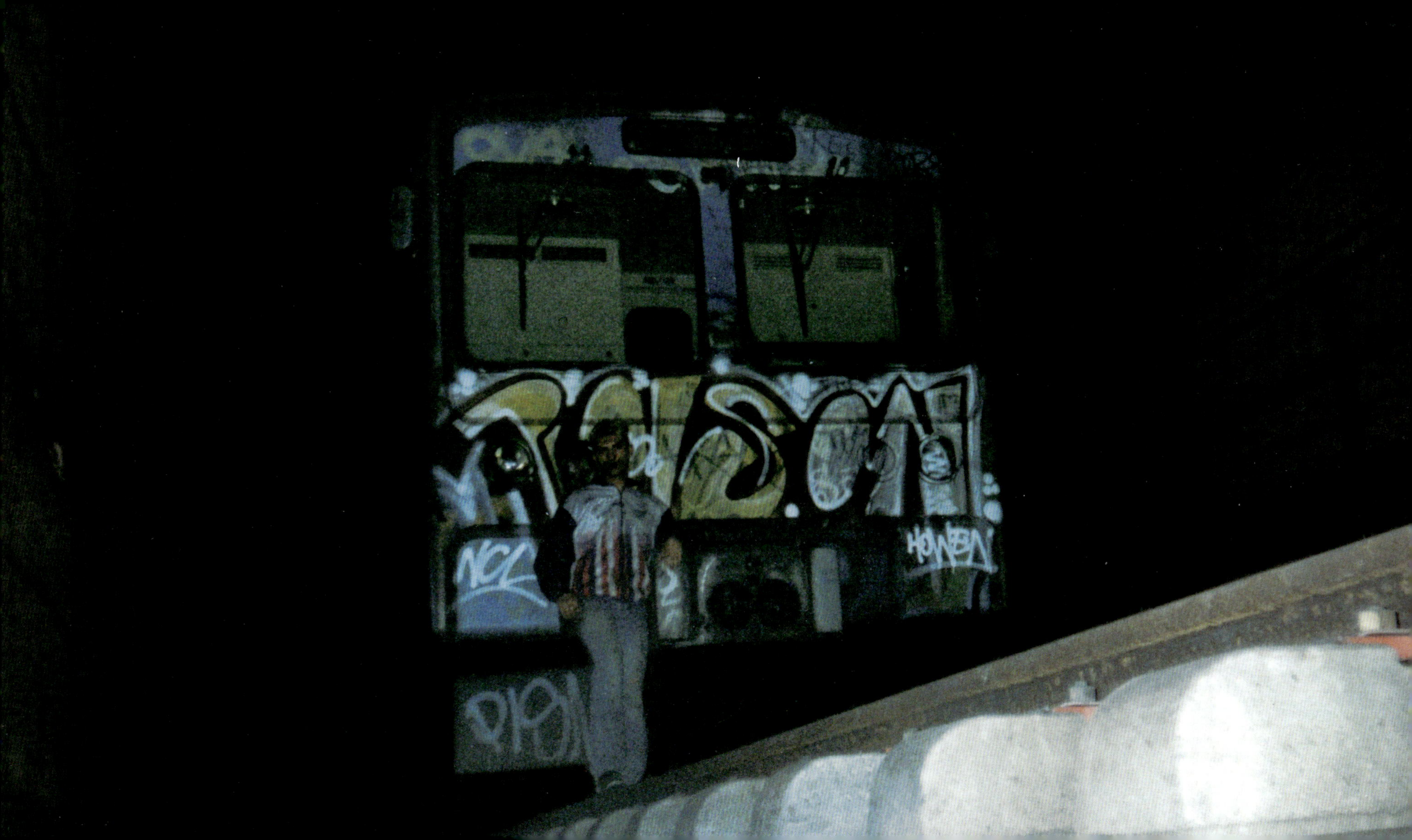

Qual è stato il tuo primo approccio con il writing?

Io sto ad una ventina di chilometri a sud di Roma. Era l'estate del 1994 quando avevo appena finito la terza media.

Un mio compagno di classe doveva fare l'iscrizione ad una scuola superiore all'Eur. È venuto a vederla qui a Roma e ha visto i graffiti.

Era il periodo in cui uscivamo sempre insieme. È tornato giù e mi ha detto "andiamo a fare un graffito!".

Io non sapevo neanche che cos'era, da me non se ne vedevano in giro.

Era un pomeriggio, abbiamo comprato i colori e ce ne siamo andati per un fiumiciattolo a fare questo graffito.

Prendiamo le bombolette, ci mettiamo a fare una scritta e la coloriamo. Lui si era già scelto la tag: **Ales**. Abbiamo scritto *"Ales rules everywhere"*.

Quindi sono questi i tuoi primi ricordi?

Si. Quando ho iniziato a fare le superiori ho cominciato a fare sega e a venire a Roma. Scendevo dall'autobus all'Eur e da qui andavo a Piazza di Spagna.

Prendevo la metro e vedevo i treni dipinti.

Le volte successive gli altri se ne andavano a Piazza di Spagna e io rimanevo sulla banchina della metro di Magliana.

E ci ho tenuto pure diversa gente lì con me.

Li trattenevo mezza mattinata a vedere i treni che andavano avanti e indietro.

Sono le prime cose che ho visto. Credo che ci sarei arrivato comunque. Ricordo che a scuola, visto che i professori cambiavano spesso, ci facevano scrivere sul foglietto il nostro nome.

Tutti lo facevano con la penna, io invece mi mettevo lì, con il pennarello, gli davo l'ombretta…

Siamo andati a fare questo graffito e mi ha preso.

Inizialmente era una cosa vaga, non di tutte le sere, ma di una volta al mese, ogni quindici giorni.

Tu cosa scrivevi?

Io all'inizio la tag non ce l'avevo. Scrivevo **SM**, le iniziali del nome e del cognome, perché ancora non riuscivo ad entrare nell'ottica: ma questo alias che vuol dire? Io scrivevo SM e basta.

E il passaggio successivo qual è stato? Quando ti sei dato il nome?

Il nome l'ho preso a marzo-giugno del '95. Nel frattempo avevo provato alcune tag. Ero entrato nell'ottica e cominciavo a cercare i nomi. **Howen** l'ho preso dal vocabolario d'inglese: Owen, e ci ho aggiunto l'acca davanti. Mi piaceva come suonava: **Howen**.

Non hai avuto subito attorno a te una crew?

Agli inizi stavo sempre da solo, non conoscevo nessuno.

Ti dico, io il writing fino all'anno 2000 l'ho vissuto molto in solitaria. La crew iniziale è **NCL**, quella che scrivo ancora adesso. **NCL** sta per "Non C'è Limite".

Io ci sono affezionato perché mi ricorda quel periodo, le radici, il modo in cui ho cominciato… a me verrebbe voglia di tornare indietro nel tempo e rivivere quei momenti.

Eravamo io e **Wotm** con cui avevo iniziato a dipingere. Lui adesso non dipinge più.

Probabilmente hai avuto diverse proposte qui a Roma. Sei membro onorario di qualche crew?

No, ma per una mia scelta. Uno dei primi writer che ho conosciuto a Roma è stato **Moke**, che aveva appena cominciato a dipingere. Era il '96.

Alcuni suoi amici d'estate venivano in vacanza giù da me e la notizia si era sparsa, sai, il paese è piccolo. Senti uno che fa la tua stessa cosa e cerchi di metterti in contatto.

Ci siamo incontrati una volta e poi abbiamo stretto un'amicizia che è durata parecchio tempo. Per un periodo siamo usciti spesso assieme a dipingere. Ti leghi alle persone, ma a parte quelle quattro o cinque che vedi sempre, le altre sono tutte amicizie legate a ciò che fai.

Alcuni amici mi hanno chiesto di entrare in crew, ma io sono sempre stato legato al nome **NCL**.

Quando hai iniziato ad essere attivo con maggiore consapevolezza e costanza?

C'è stato un periodo in cui stavo in fissa con i Cotral, che erano gli autobus che mi portavano a scuola. Mi facevo quelli e stavo da paura.

In quel periodo a Roma era venuto **Heat** e a me interessava solo fare foto. Andavo in stazione e chiedevo al personale se potevo scendere nel deposito a fotografare i treni.

"No, là non si può andare".

Ma io dovevo andare a fotografare i graffiti sulla metro!

La prima tag in metro in assoluto è stata nel 1997 a Laurentina, nel deposito della B, quando ancora trovavi lo spazio per le scritte, quando ancora non era pieno.

Quando poi ho cominciato a investire più tempo a Roma ho iniziato a fare le stazioni: Magliana, Garbatella, Circo Massimo.

Cosa ti ha spinto invece a fare il primo treno?

In quel periodo stavo in fissa per farmi la stazione di Marconi su muro.

Io venivo da solo, stavo la notte fuori e il giorno dopo prendevo l'autobus per tornare giù a casa.

Andavo a Marconi, l'unica stazione con la guardia dentro! Per di più c'erano anche le telecamere e allora mi spingevo sui binari verso Magliana.

Le prime volte che sono andato a Magliana era così.

Camminavo lungo i binari, arrivavo ai treni, mettevo tag e scappavo, perché ogni volta, puntuali, arrivavano i vigilanti.

What was your first approach with writing?

I live about twenty km south of Rome. It was the summer of 1994 when I had just finished my third year of middle school.

A classmate of mine was supposed to register at a high school in Eur.

He came to Rome to visit the school and saw the graffiti. It was the period in which we hung out together.

He came back and told me "let's go do some graffiti!" I had no idea what he meant, since where I lived there wasn't any of it around.

One afternoon we decided to buy some colours and we went along a stream and started doing some of this graffiti.

We took the spray, and we started writing and colouring. He had already chosen his tag: **Ales**.

We wrote *"Ales rules everywhere"*.

So these are your first memories?

Yes. When I started high school I started skipping school and going to Rome. I'd get off the bus at Eur and from there go on to the Spanish Steps.

I would take the subway and observe the painted train cars.

The following times the others would go to the Spanish Steps and I'd stay on the platform at the Magliana stop.

And I would keep a lot of people there with me.

I would keep them there most of the morning watching the trains go back and forth.

These were the first that I saw. I think that I would have come to this regardless. I remember that at school, seeing that the teachers would change constantly, they would make us always write our names on a piece of paper.

Everyone would do it with a pen, instead I would write my name with a marker, giving it some shadow…

We went to do this graffiti and I was taken.

At the beginning, it was a very sporadic thing, not every night, but at least once a month, or every two weeks.

What did you used to write?

At the beginning, I didn't have a tag. I would just write **SM**, the initials of my first and last name, because I still wasn't able to put everything into perspective: but what did this alias mean? I would write SM and that's it.

And what was the next step? When did you give yourself a name?

I gave myself a name around March to June of 1995. In the meantime I had tried various other tags. I had gotten into the perspective and started looking for names. I took **Howen** from an English dictionary: Owen, and then I added the H in front of it. I liked it's sound: **Howen**.

How come you didn't have a crew around you right away?

At the beginning I was always alone, I didn't know anyone. I'll tell you, up until 2000 I lived my writing in a very solitary way. The initial crew was **NCL**, which is what I write even now. **NCL** means "Non C'è Limite" (No limits). I'm quite attached to this, because it reminds me of the time, the roots, and the way I started… sometimes I wish I could go back in time and relive those moments. It was me and **Wotm**, with whom I started painting. Today he no longer paints.

I'm sure here in Rome you've probably had a lot of offers. Are you an honorary member of any crew?

No, but by choice. One of the first writers I met in Rome was **Moke**, who had just started painting. It was 1996. Some of his summer friends would come on vacation where I was and the news would spread, you know, towns are pretty small. When you hear about someone who does the same thing as you, you try to hook up. We met and we became friends pretty quickly, and it lasted for quite a long time. For awhile we would hang out together and paint. You get attached to people, but besides those four or five that you see all the time, the other friendships are usually tied to your art. Some friends had asked me to join up with their crew, but I've always been tied to the name **NCL**.

When did you start becoming active with a greater awareness and consistency?

There was a period in which I was stuck on Cotral, that were the buses that would take me to school. I started doing those and was always jacked up.

During that period **Heat** arrived in Rome and I was only interested in taking pictures. I used to go to the station and ask the person if I could go down into the warehouse and take pictures of the trains. "No, you can't go there".

But I had to photograph the graffiti on the metro!

My first tag in the metro was in 1997 at Laurentina, in the warehouse of the B line, when you could still find space for writing, when the train cars still weren't full. When I started passing more of my time in Rome I started on different stations: Magliana, Garbatella, Circo Massimo.

What pushed you to do the first train car?

During that period, I was fixated on doing the Marconi station on it's walls.

I would go there alone, I would be out all night and the day after I would take the bus to get home. I would go to Marconi, the only station with guards on the inside! And to top it all off there were security cameras and so I would push my way along the railway tracks up to Magliana.

Giorni dopo ho visto la stazione di Marconi che era stata dipinta da un ragazzo. No, non è possibile! Erano due notti che ci perdevo per fare quella stazione!
Ci ho riprovato, ma non sono riuscito a dipingere.
Siccome a Magliana, la prima volta sono scappato via e la seconda anche mi sono rincamminato di nuovo sui binari…ma…vado a Laurentina!
Non sapevo neanche se c'erano i treni. Io venivo con questo borsone gonfio di spray…
Ad un certo punto sono uscito dai binari e ho preso la Cristoforo Colombo a piedi.
A ripensarci… arrivare a Laurentina con quel carico, di notte, senza sapere nemmeno se ci sono i treni… Il ragionamento che ho fatto io è che si trattava di un capolinea, e i treni ci dovevano stare per forza.
Ed infatti c'erano tre treni!
Ho guardato oltre la rete e la situazione mi è parsa tranquilla. Ho buttato lo zaino dall'altra parte e ho dipinto. Un quarto d'ora dopo la maglietta qua, il borsone là, le bombolette ovunque e mi sono tirato giu un whole car.
Ho scritto **Howen**.
Il mio primo pezzo in metro. Conoscevo la gente che stava sui vagoni, sapevo chi coprire e chi non coprire.
Ho colorato con tutti i colori che avevo e non mi sono nemmeno bastati. Una persona normale avrebbe fatto un pannello e sarebbe andato via!
Whole car.
Questa era Laurentina nel marzo del '98.
Feci le foto di notte e aspettai la mattina per vedere il pannello.
Non ce la facevo più a stare in piedi, infatti di quel giorno ho una foto che è un po' mossa.
Sono tornato due giorni dopo, con la speranza di ribeccarlo e di rifargli le foto. No …i vetri puliti!
E ho pensato che non era per me dipingere la metro!

In questa prima produzione hai scritto Howen, ma attualmente sei conosciuto soprattutto come Poison…

Ho scritto **Poison** per la prima volta il 24/7/99.
Poi il nome è diventato sempre più importante perché era un pezzo da metro. Mi piacevano le lettere che mi ero tirato giù ovvero linee uniche. Mi danno una certa forza, mi liberano.
E questo nome mi dà la possibilità, con le curve arrotondate…
Queste lettere mi danno una liberazione.
Mi ricordo la data perché anche la prima volta che ho scritto **Poison** ho fatto un whole car! Ma non so perché mi è venuto in mente questo nome, mi sono piaciute le lettere.

Oltre a scrivere il nome scrivi anche frasi, messaggi…

Si, come *"Rising Force"* o *"Back in Black"*. Questi pezzi sono nati per la musica che sento, rock anni Ottanta. *"Back in Black"* è una canzone che mi piaceva e mi andava di scriverlo. Ci volevo fare il video, come per *"Welcome to the Jungle"*: tre minuti di immagini con il sottofondo della canzone e con il treno che passa… Per *"Back in Black"*, volevo girare un video in un locale dark con la canzone degli AC/DC, poi non l'ho più fatto.

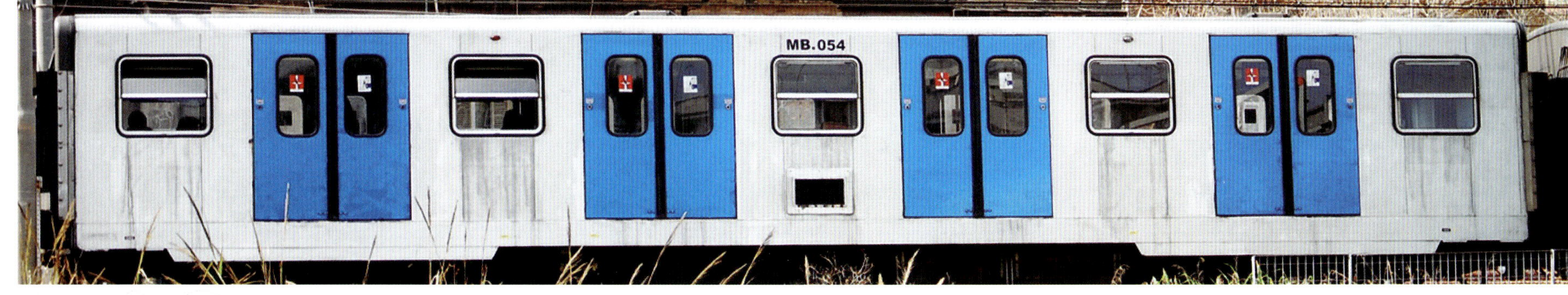

The first times I went to Magliana it went down pretty much like that. I would walk along the railway tracks, get to the trains, I would put my tag and take off, because every time, right on time, the patrolmen would show up. A few days later I saw that the Marconi station had been painted by a young guy.
No, it wasn't possible. It was two friggin' nights that I was up losing sleep to paint that station!
I tried again, but wasn't able to paint. Therefore, since at Magliana, the first time I took off and the second again I walked along the railway tracks…I figured…what the hell…I'll go to Laurentina!
I didn't even know if there were any trains. I would just show up with a backpack full of spray paint…
At one point I got out of the railway tracks and I took the Christopher Columbus on foot.
Thinking about it…gettin' to Laurentina with that load, in the middle of the night, without even knowing if there were trains or not…The reasoning behind my choice was that since it was the terminus, there had to be trains.
In fact there were trains!
I took a look past the gates and the situation seemed pretty calm.
I through over my backpack and painted. About fifteen minutes later, with my sweater there, and my backpack here, spray everywhere, I had done a whole train car. I had written **Howen**.
My first piece in a metro. I knew the people who were already on the train car, I knew who I could cover and who not,
I coloured in all the colours that I had and they weren't even enough.
A normal person would have settled for a panel and would have left. Whole car.
This was Laurentina in March 1998.
I took the pictures in the middle of the night and waited until morning to see the panel. I couldn't keep myself on my feet, I was exhausted, in fact from that day I have a picture which isn't quite steady. I went back two days later, with the hopes of finding it and to take some other pictures.No...the windows were cleaned! And I thought it wasn't made for me, to paint in the metro!

In this first production you wrote Howen, but actually your now known as Poison…

I wrote **Poison** for the first time on the 24th of July 1999. Then the name became more and more important because it became a piece of the metro. I really liked the letters that I had painted, more precisely the unique lines.
They give me some kind of strength, they free me.
And this name gives me the possibility, with its undulated curves..
These letters are liberating.
I remember the date also because the first time I wrote **Poison** I did a whole car! But I really can't tell you why I chose this name, I guess I really liked the letters.

After writing your name do you write messages or sentences as well?...

Yup, like *"Rising Force"* or *"Back to Black"*. These pieces came to life due to the music I listen to, rock and 80's music. *"Back to Black"* is a song that I liked and I felt the need to write it.
I wanted to also make a video, like for *"Welcome to the Jungle"*: three minutes of images with a background of the song and a train passing….For *"Back to Black"*, I wanted to make a video in a dark club/room with a song from AC/DC, then I decided against it.

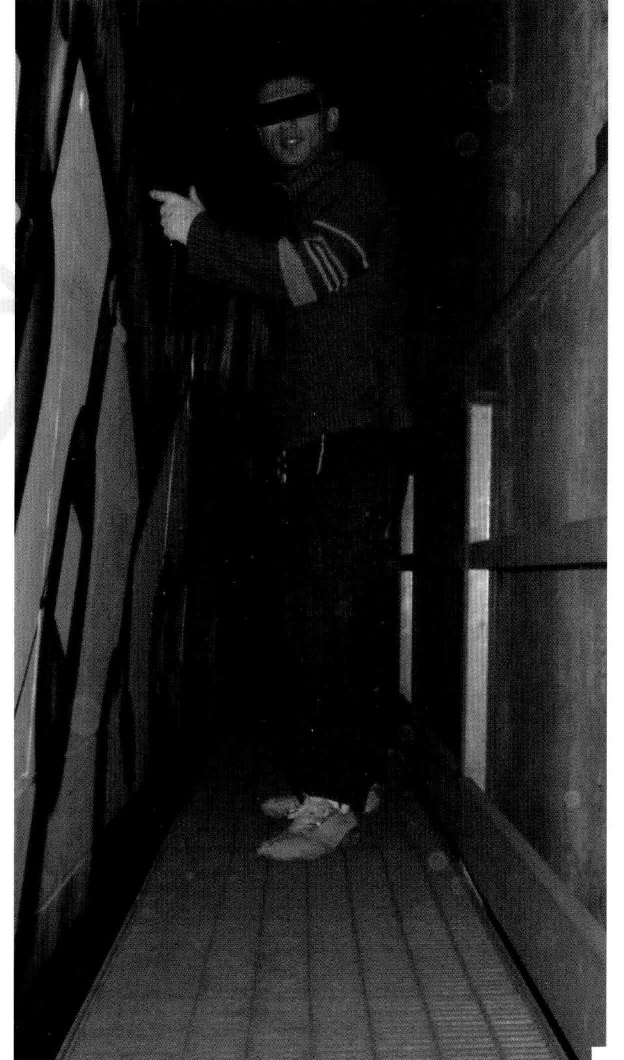

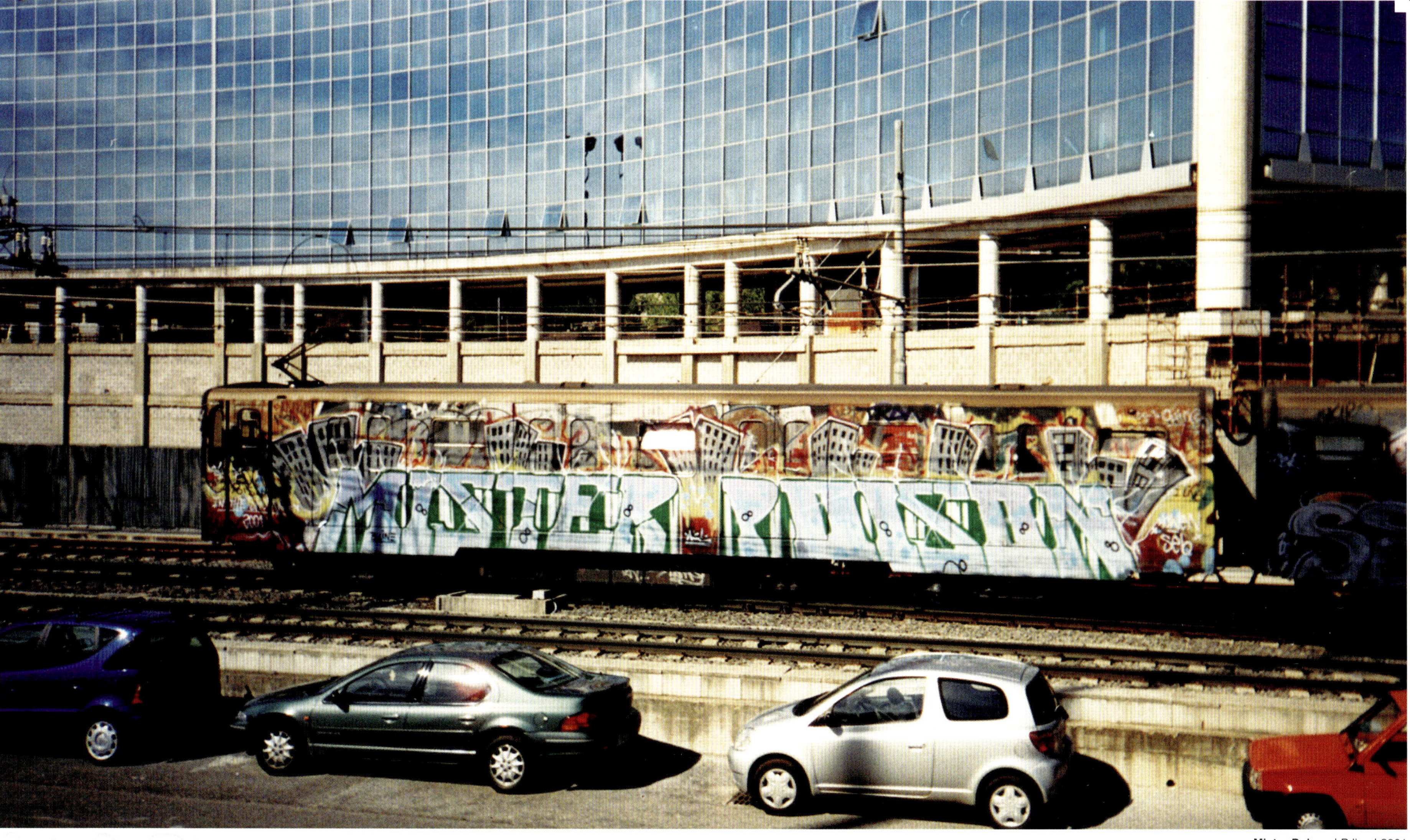

Mister Poison | B line | 2001

"While I was taking pictures the patrolmen showed up and I had to hide.
They were looking at the train and saying: 'If only everyone was like this!'

Mister Poison | B line | 2003

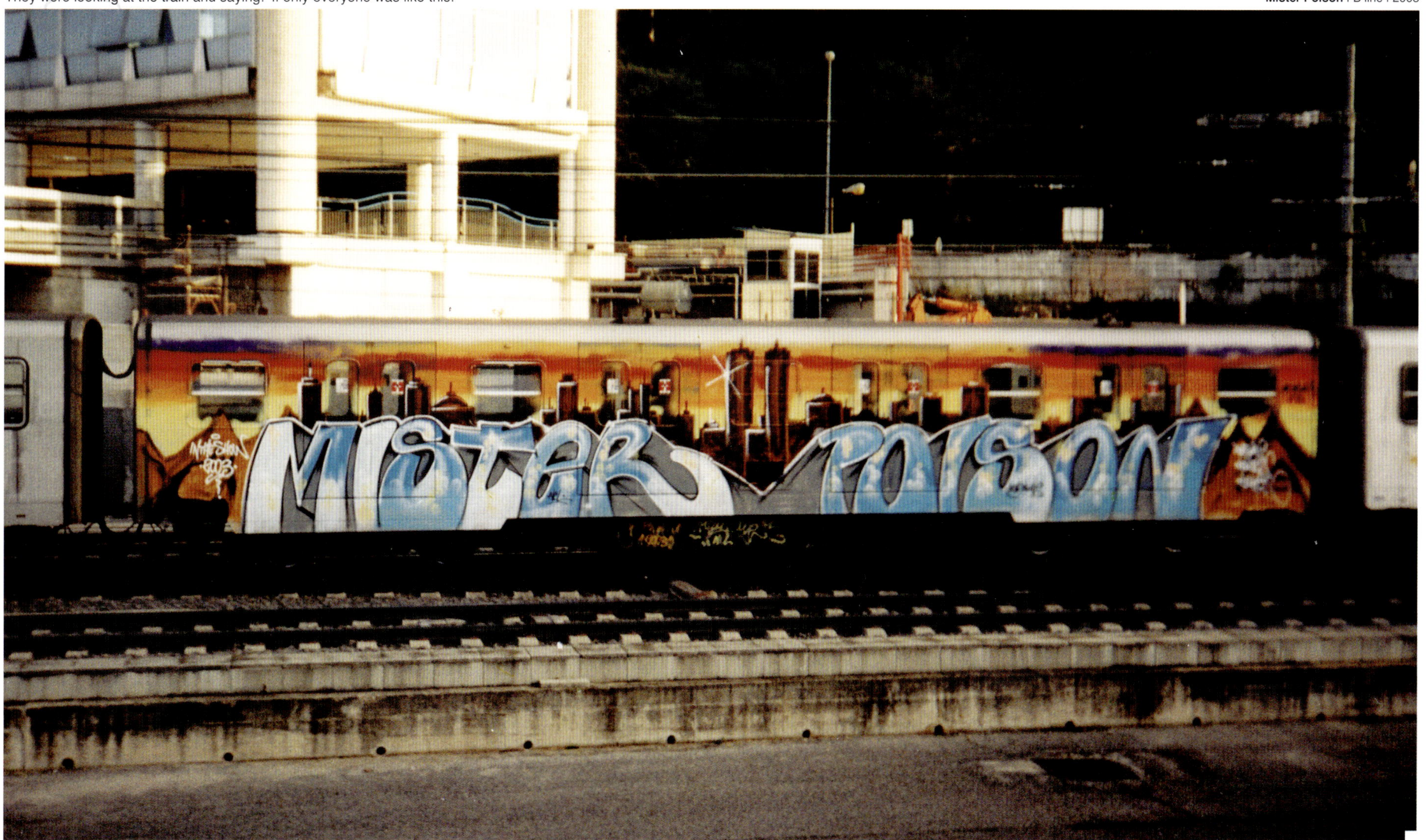

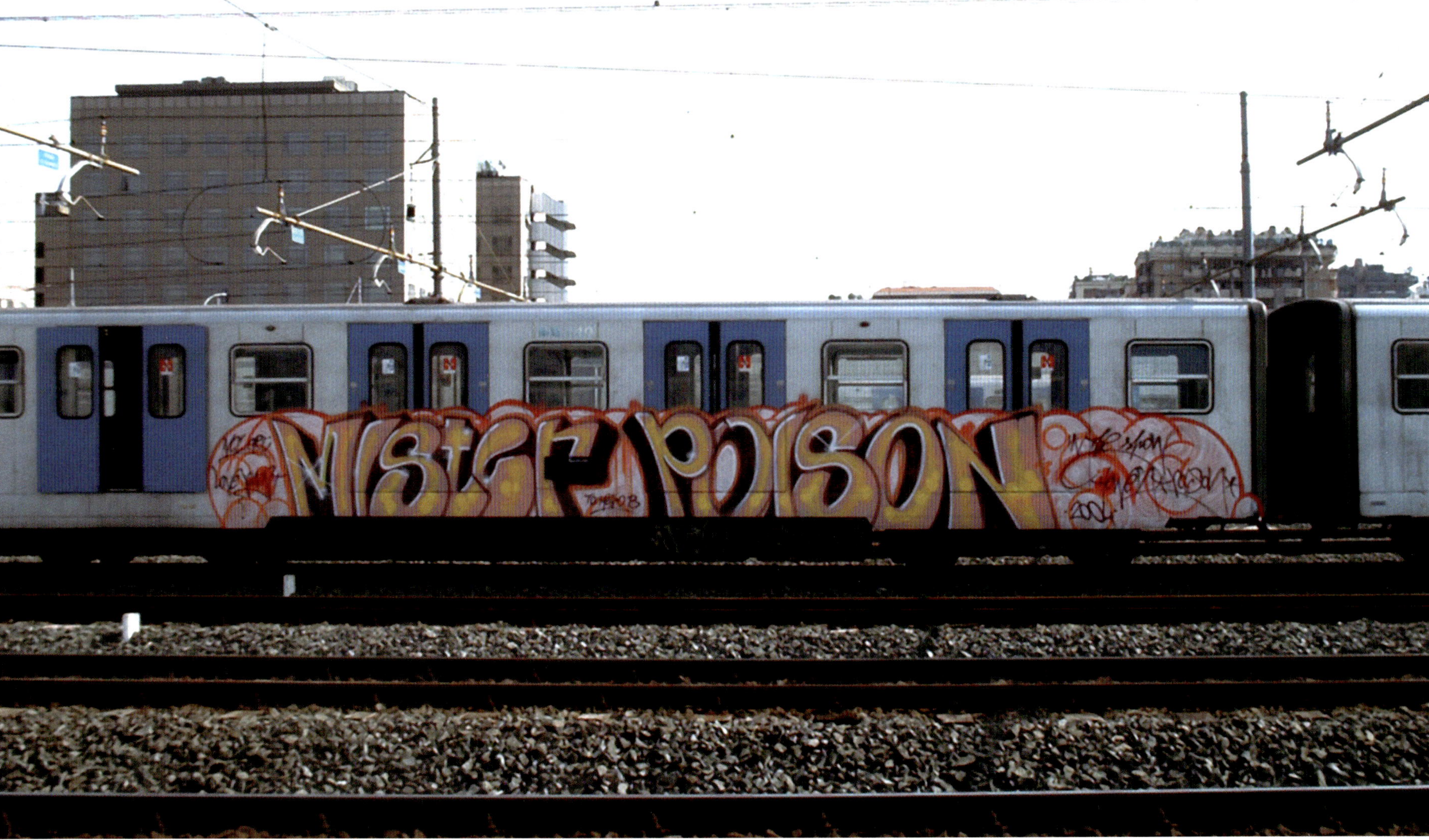

“That night I had gone into Magliana with a bucket, brush and red paint. I managed to bring up two pieces giving only the outline with spray. The train car didn’t start circulating until 2006.”

Mister Poison | B line | 2004

"Even though this end to end wasn't completed, it circulated without being crossed out. I managed to get wind of it six months later in the Magliana station to close and finish it."

Mister Poison | B line | 2005

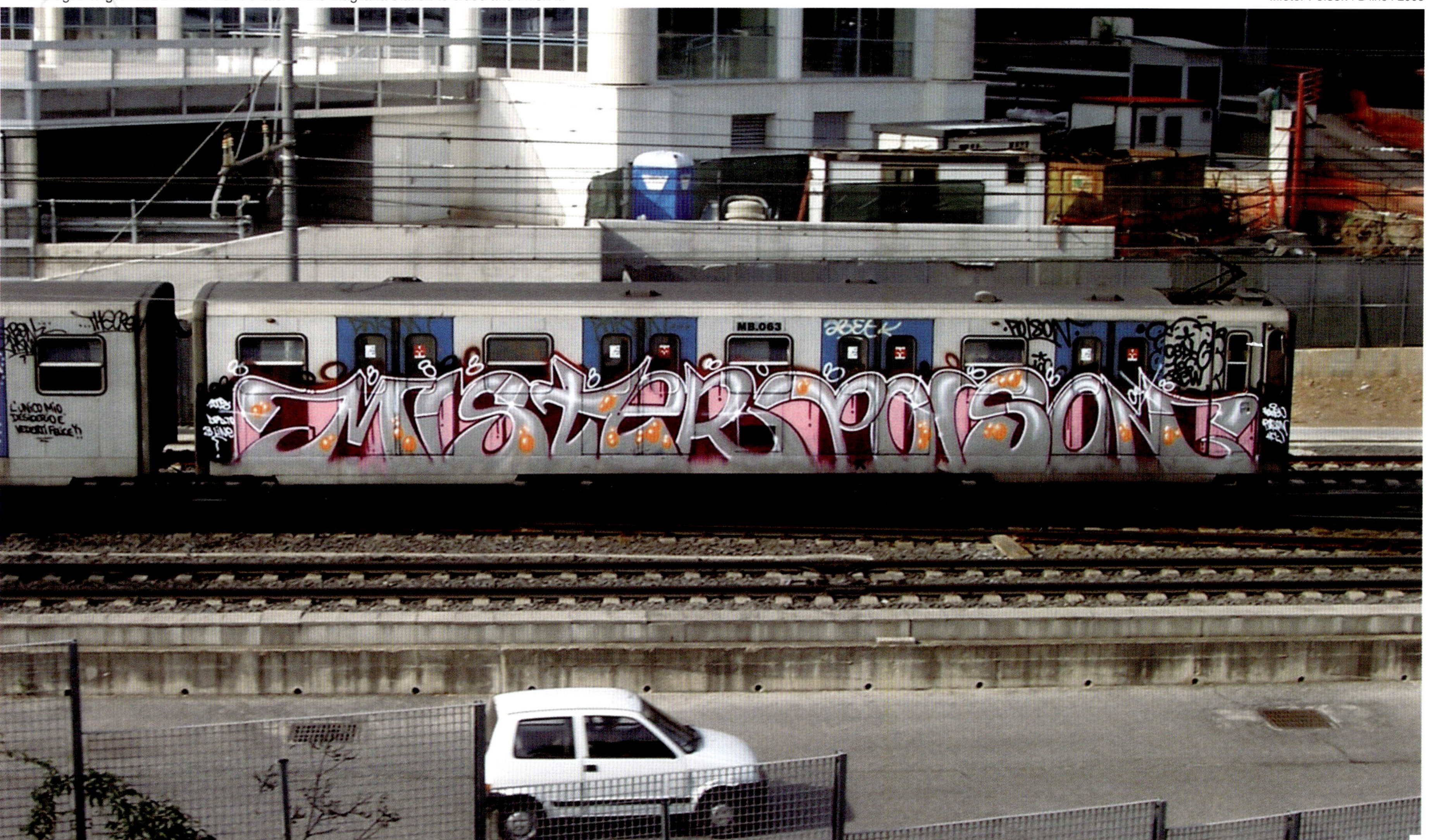

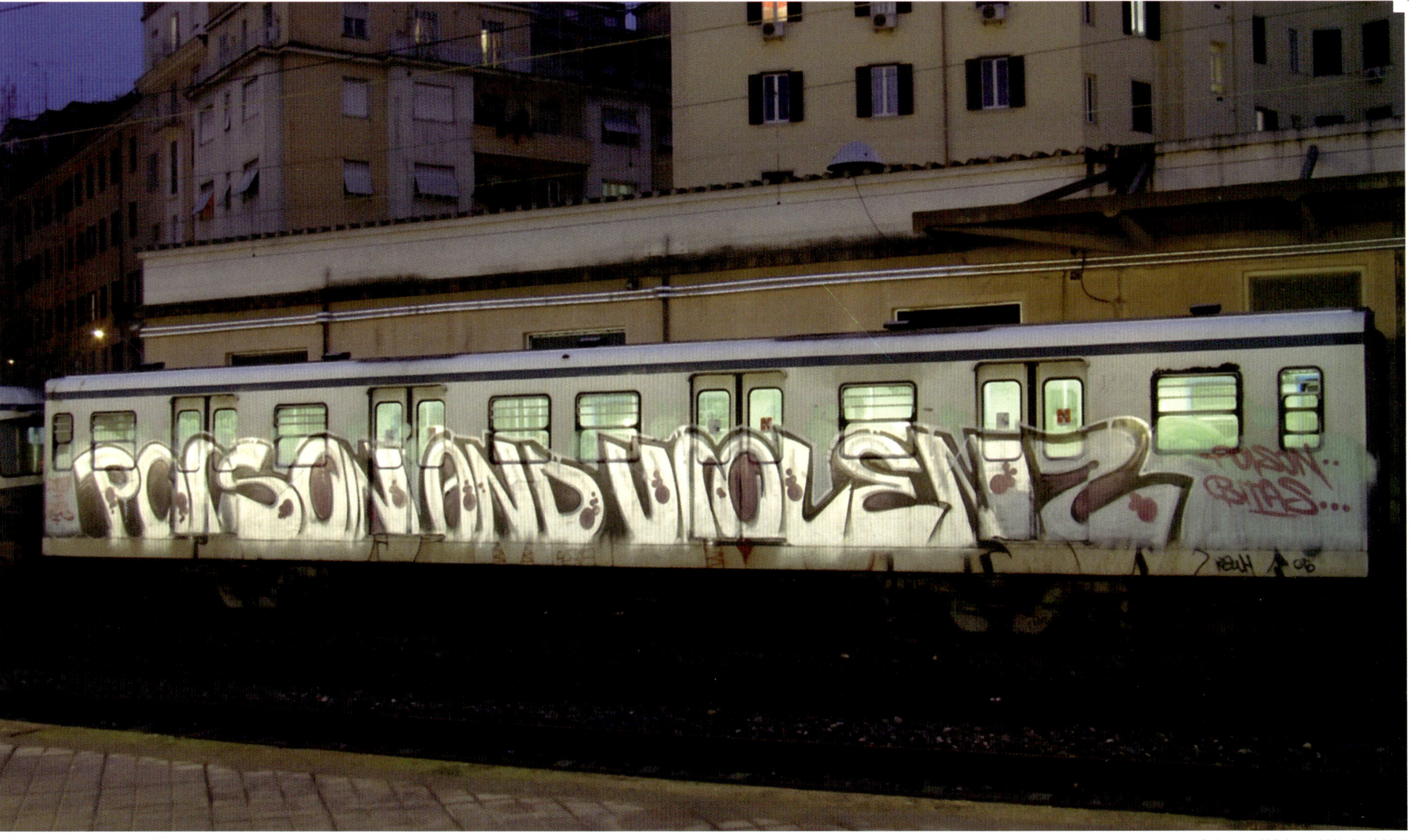

“My approach to writing is made up of passion and violence:
I put in consistency, patience and quite a bit of poison.”

Poison and Violence | Lido line | 2007

“This end to end celebrates the song from AC/DC.
I created it in freestyle.”

Back in Black | B line | 2007

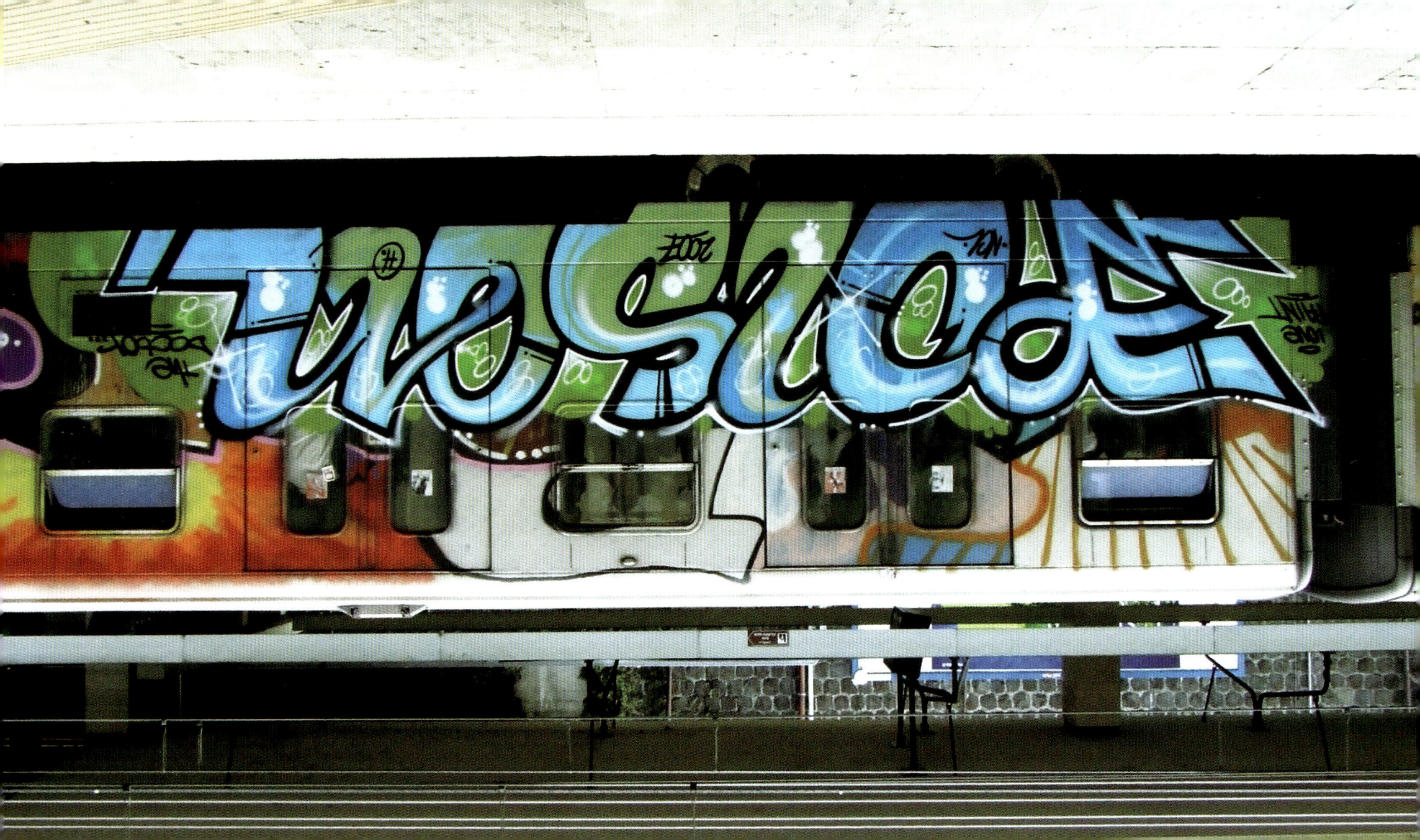

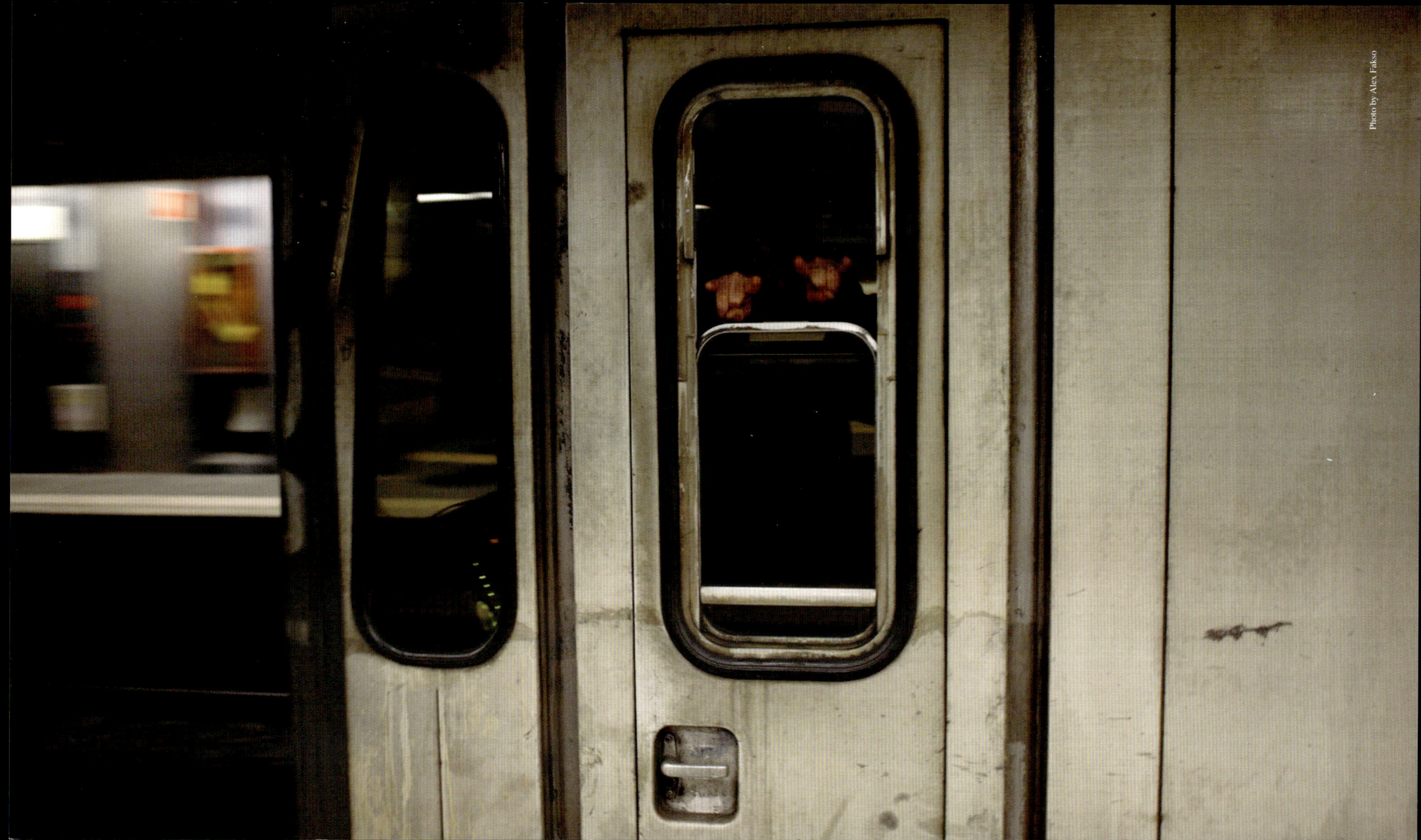

Photo by Alex Fakso

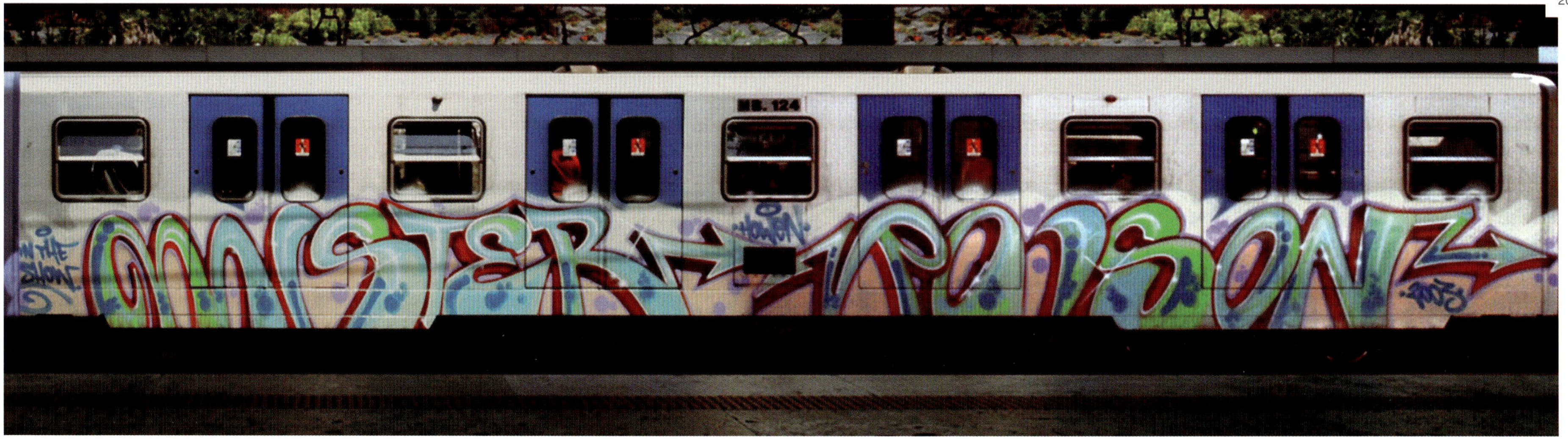

Mister Poison I B line I 2008

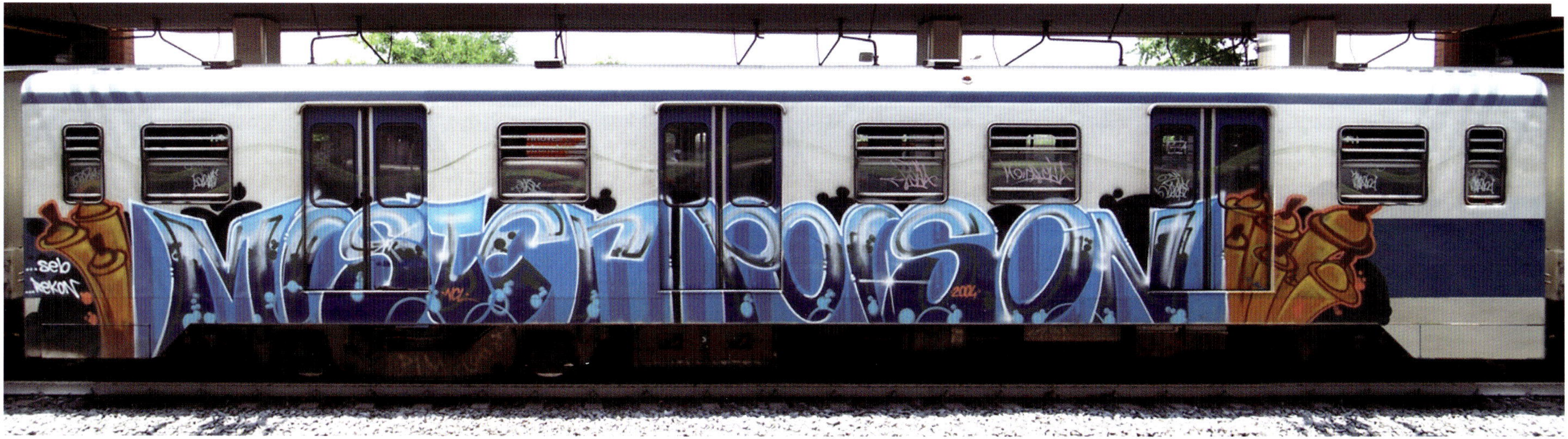

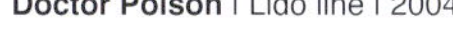

Doctor Poison I Lido line I 2004

Doctor Poison | B line | 2007

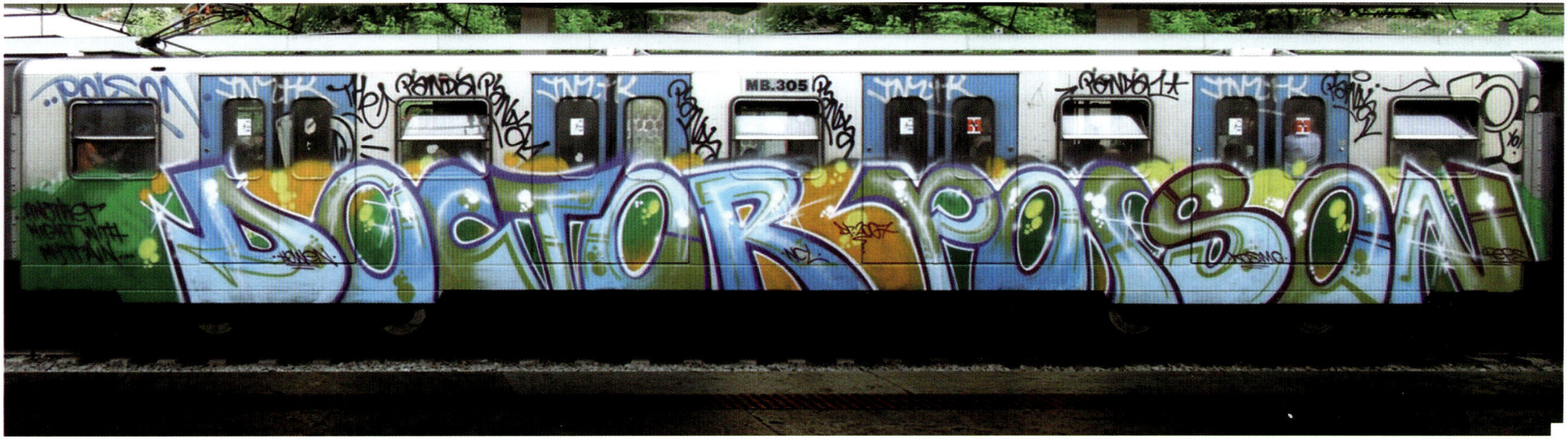

"Howen" by **Poison, Poison** | B line | 1999

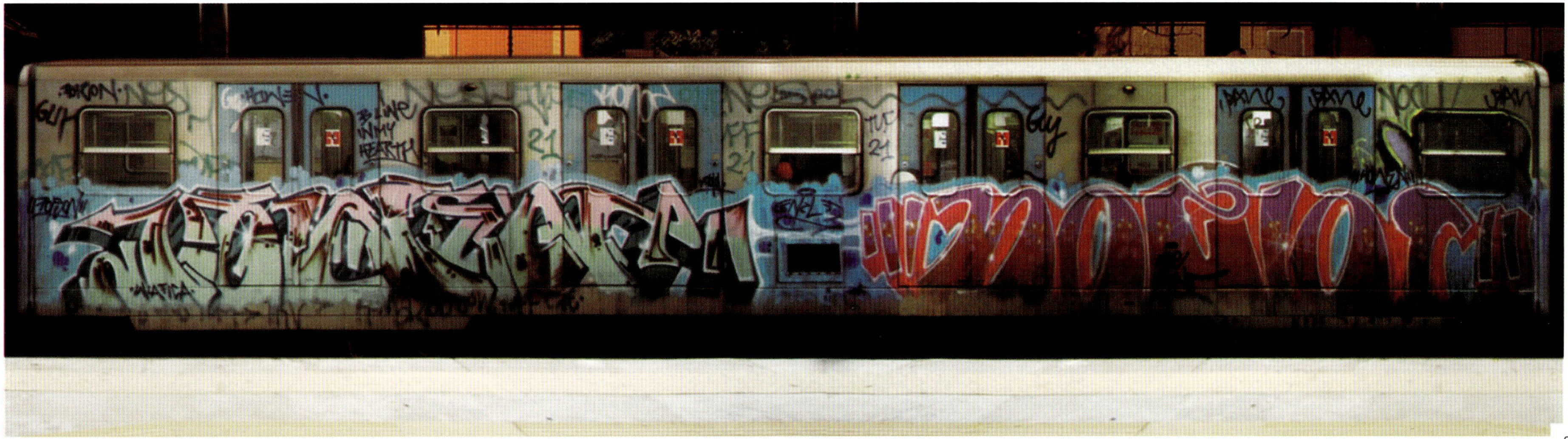

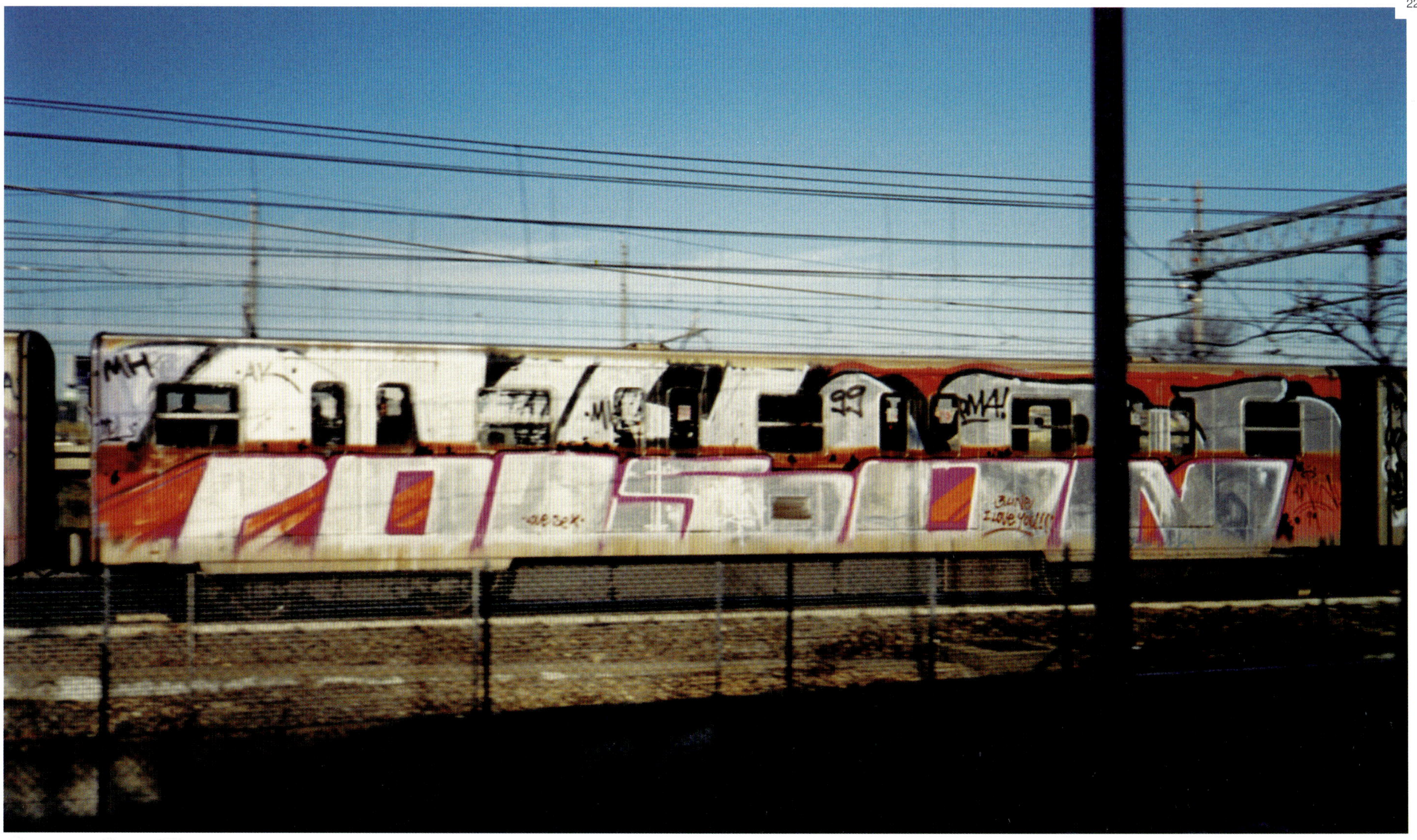

"I only used one silver to completely do this end to end!"

Poison I B line I 1999

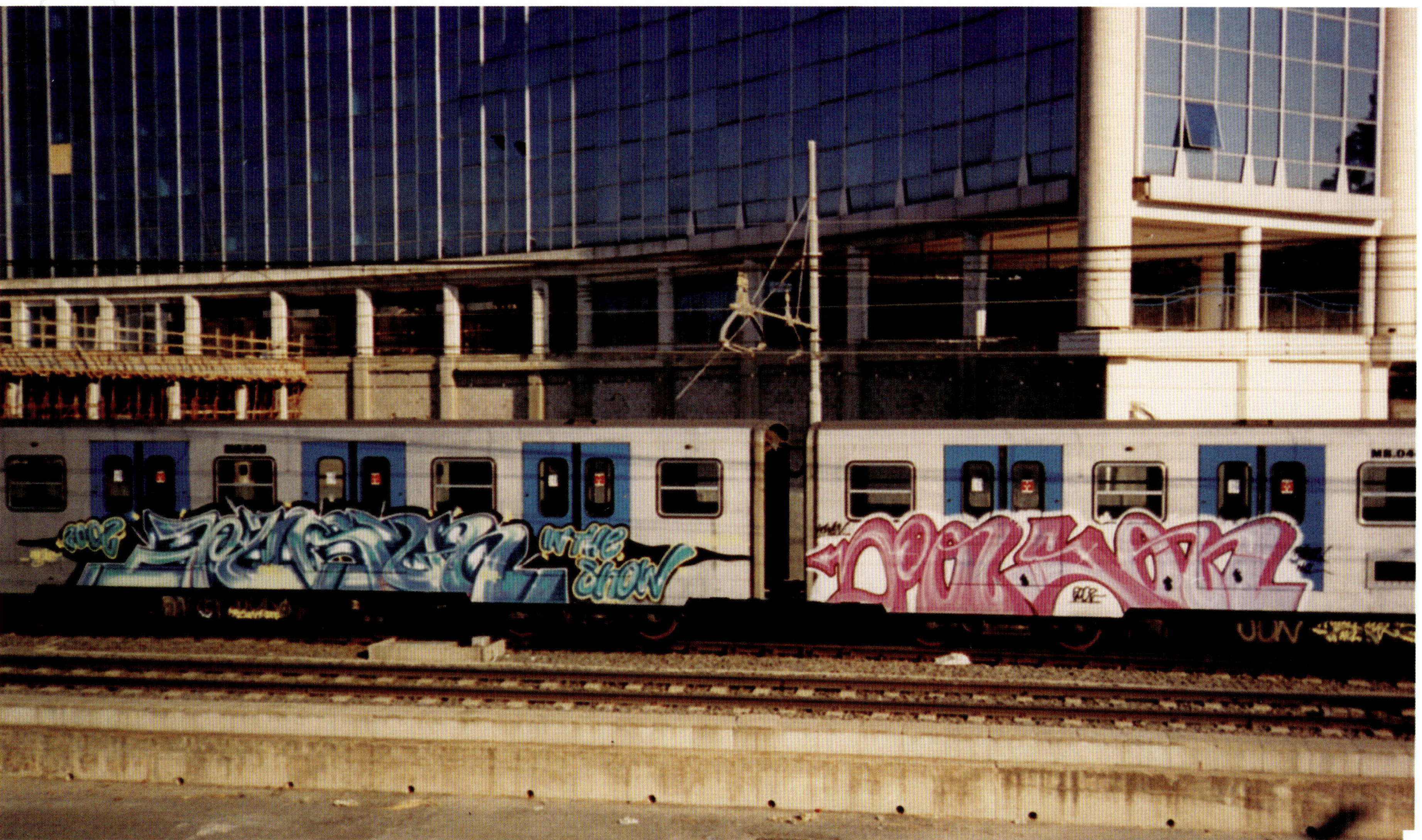

2 times Poison | B line | 2002

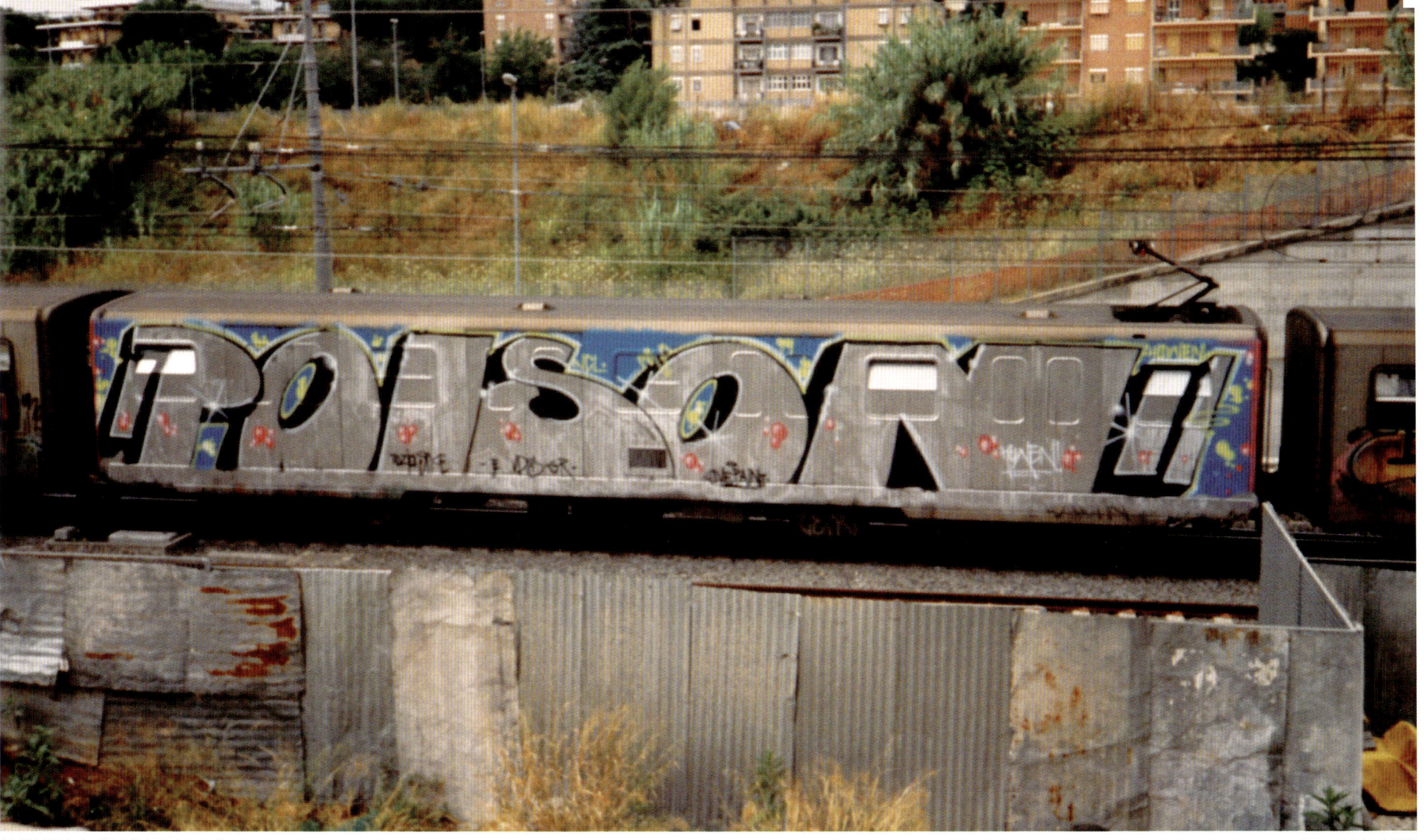

24-07-1999: the first Poison on my line...

Poison | B line | 1999

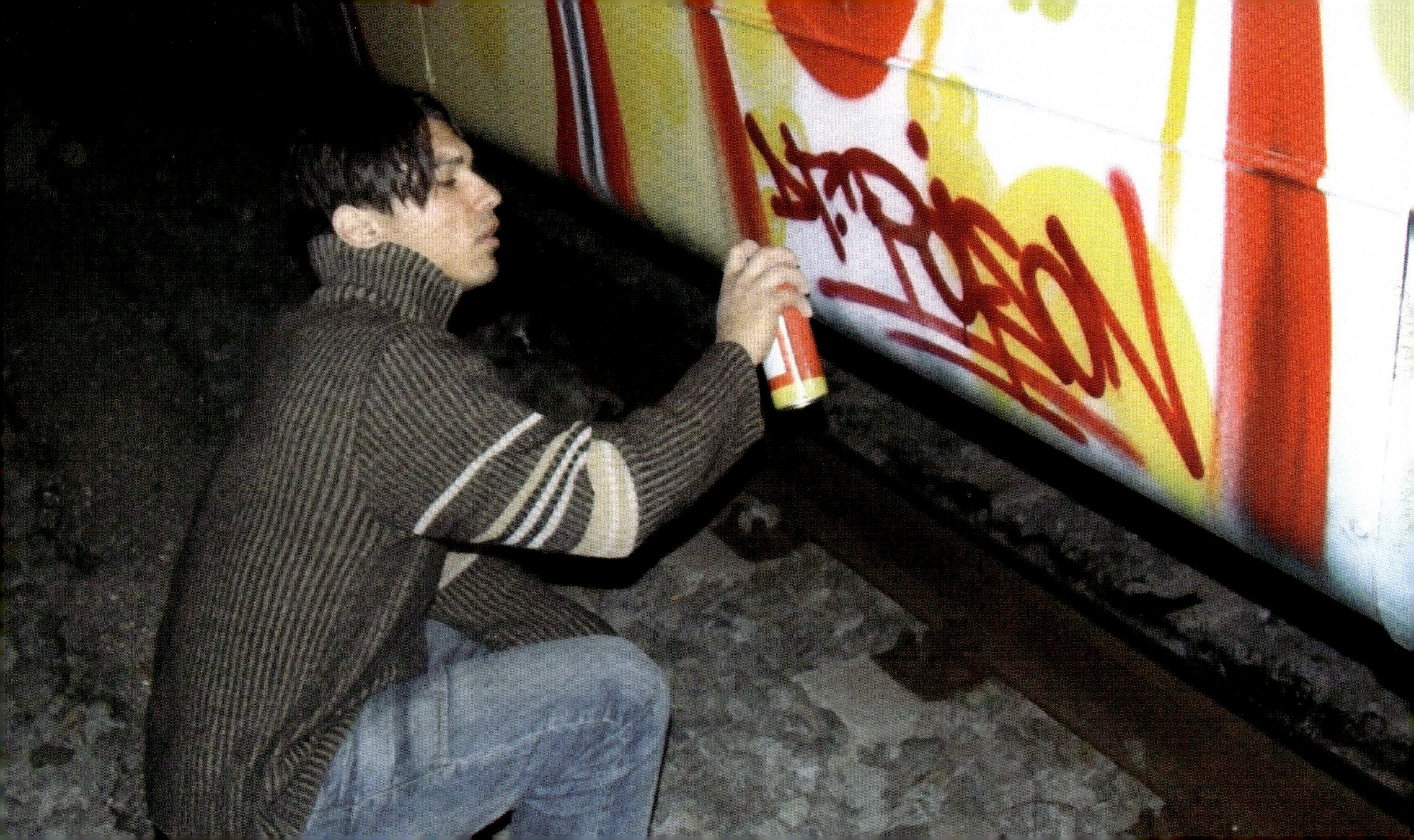

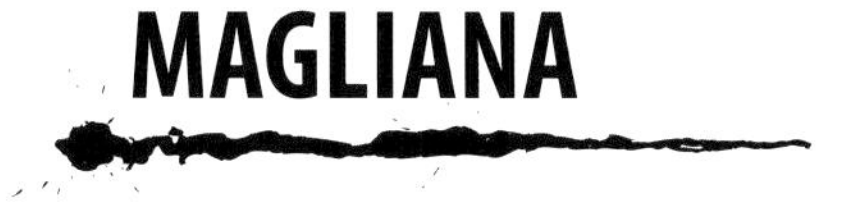

Qual è la yard che senti più tua? Quella che ti dà più sentimento?

Magliana.

La yard dove ho dipinto parecchio è stata Laurentina, là ci ho tirato su il primo pezzo. Però l'ho sempre considerata un po' una trappola. Invece per un anno e mezzo ho dipinto solo a Magliana. Ci ho passato nottate su nottate su nottate… Ho vissuto parecchio anche Laurentina, però a Magliana ho proprio la sensazione di stare a casa! Che bello…l'altra volta ci sono tornato con degli amici di su. E ti dico che non ho neanche dipinto, perché non c'era spazio.

C'erano due end to end miei, me li dovevo coprire? Faccio il palo. Però anche a fare il palo, che bello! Le fughe, le nottate al freddo nel campo… Lì scappavi e facevi le sei del mattino, perché le guardie iniziavano a girare fuori come formiche. Non uscivi più dai campi, uscivi dalla frattina…con due occhi così, però la notte dopo ci tornavi di nuovo.

Tu hai un ciclo, penso. Non puoi andare sempre nello stesso posto…

No, non lo puoi fare. Dopo che hai dipinto un po' devi ruotare. C'è stato il periodo di Rebibbia che adesso è morto. Lì ci sono andato da novembre 1999 a gennaio 2000 con **Desma**. Certe volte facevi pure quattro pezzi a serata.

A Rebibbia ci ho passato una storia…di quelle che poca gente, penso, ha passato. Quando dipingi in tunnel, sei in una trappola. Stai là.

A Magliana ci vai dieci volte e dipingi tre volte, le altre sette volte te le fai in frattina. Però il culo lo porti sempre a casa. In tunnel magari ci vai dieci volte e dipingi nove volte. Ma se ti va male una volta... Sono rimasto fino alle cinque e un quarto nascosto sotto il treno perché mi sono venuti a cercare in dieci là sotto…

Era gennaio del 2000, solite nottate di freddo.

Ogni tanto andavo su per delle scale a controllare che tutto fosse tranquillo. Da alcune grate filtrava la luce e sopra, sulla strada, c'erano le prostitute. Mi ero accorto che si era fermata una macchina che non mi permetteva di aprire la porta. Mentre tornavo giù guardavo verso la stazione e vedevo la gente che arrivava… Non sapevo che fare! Hanno trovato i colori e tutto il resto, perché mi sono nascosto. Gli spray di solito non li lascio mai, ma o pensavo a me o pensavo ai colori…

Stavo attaccato sotto il treno. Sapevano che dovevo, o dovevamo, stare là per forza. Con il faro illuminavano sotto il treno, da una parte e dall'altra. Io vedevo la gente che camminava e tirava calci e pugni dappertutto perché non mi trovavano. Sono riuscito a nascondermi per tutto il tempo. Questa cosa è iniziata verso l'una e mezza. Stavano seduti davanti ai treni. Io ogni tanto mi spostavo, camminavo scalzo, con le scarpe in mano per non far rumore. Riuscivo ad andare alle scalette per vedere se la macchina se n'era andata, ma stava ancora là e la porta non si apriva. "Ali mortacci tua, devi uscire! Ah **Panda**, lo sappiamo che sei tu!"

Al mattino dovevano aprire la stazione e i treni dovevano cominciare a muoversi, ma avevano bloccato fuori la gente che doveva salire in metro, e si erano accucciati tutti di fronte ai frontali, l'unico posto da cui potevo uscire. Ero arrivato abbastanza vicino, coperto tra due treni. Ho dovuto fare uno scatto a freddo con la gente che mi saltava addosso. Ho corso fino alla stazione, io non respiravo nemmeno. C'era la metro accesa col guidatore dentro. Più in là il tunnel finisce, ma voleva dire correre ad oltranza e non ce la facevo. Ho pensato che la stazione a quell'ora doveva essere aperta. Sono salito su per le scale, pensa che ero tutto nero, e ho visto la gente che aspettava di entrare che mi guardava impietrita, insieme al tipo del gabbiotto. Mi ricordo le facce, ce le ho impresse. Ho saltato i tornelli – c'erano ancora quelli vecchi – e sono uscito fuori.

Fughe da Magliana ne ho pure fatte, ma come questa mai!

Quali sono le yard in cui ti sei mosso maggiormente?

Laurentina, Rebibbia, Magliana…queste sono le tre yard. Poi ci sono altri posti dove lasciano i treni… però Magliana è una yard dove tu vai con un certo spirito, anche psicologico, sai che girano i controlli, ma sai anche che, con vari accorgimenti, ci puoi stare un po' di più.

Di solito a Magliana ci vai più per farti il pezzo singolo e starci un quarto d'ora, poi sai che te ne devi andare.

Quando inizia il periodo di Magliana?

Quando sono stato in un certo senso obbligato a venire a Roma per dipingere perché mio padre mi aveva tolto il motorino. Qui la notte mi potevo muovere con i mezzi…

E se vai a Roma dove vai?

In metro!

Era fine '98, inizi '99 e iniziai a dipingere a rotella lì, a Magliana.

Which is the yard that you feel belongs to you most? The one that has the most memories?

Magliana.

The yard in which I painted a lot was Laurentina, that's where I finished the first piece. But I always thought of it as sort of a trap. Instead for over a year and a half I painted only at Magliana. I passed so many nights there... I lived a lot even in Laurentina, but in Magliana I always had that sensation of sort of being home! It was amazing......last time I went with some friends from the North. And let me tell you, I didn't even paint, because there was no room.

There were two end to ends that were mine, what was I supposed to do, cover them? So I was on guard. Even that was cool! The escapes, the nights spent out in the cold in the field....That's where I'd run to and I would stick around until 6 in the morning, because the guards began coming out like mushrooms. At that point you couldn't get out of the fields, you would get out of the yards.... with both eyes opened wide, but the next night you'd go back.

I assume you have a cycle. You can't always go to the same place...

No, you can't. After you've painted a little you have to move around. There was a period where I hung out in Rebibbia, but that's long over. I was there in November 1999 to January 2000 with **Desma**. Sometimes I would do like 4 pieces a night.

In Rebibbia I had a little history...some that I think few people ever went through. When you paint in a tunnel, you're like in a trap. You're there.

In Magliana, you go there 10 times, paint 3 times and the other 7 times you're in the yard. But you always get your ass home. In a tunnel, you could go ten times, paint 9 of them. But if it goes bad once...I ended up until five in the morning hidden under a train because like 10 people came looking for me under there...

It was January 2000, the usual cold nights. Every once and awhile I'd go up the stairs to make sure everything was ok.

From some bars a bit of light filtered through and above on the streets there were all types of prostitutes. I noticed that a car had stopped and I couldn't open the door.

While I was going back down I took a look towards the station and saw people coming....I didn't know what to do! They found all my colours and everything else, because I had gone into hiding. Usually I never leave the spray behind, but either I thought of myself or else....

I was stuck to the train. I knew that we had to stay there no matter what. With a flashlight we lit up the train, from one part to the other. I saw people walking and kicking and launching punches everywhere looking for me, but they couldn't find me. I was able to hide the whole time.

This thing started around 1.30 in the morning. They were seated in front of the trains. Every once in awhile I'd move, walk barefoot, holding my shoes in hand to not make noise. I was able to get to the staircase to see if the car had moved, but it was still there and the door didn't open. "You piece of shit, I gotta get out! Ah **Panda**, we know it's you!"

In the morning they had to open the station and the trains started moving, but they had blocked all the people who had to get on the trains outside, and they were all near the gate, basically the only place I could get out. I had gotten close enough, covered by two trains. I had to move quickly as I had people jumping all over me. I ran up to the station, I couldn't even breath.

The metro was on with the conductor inside. Further down the tunnel would end, but that meant running, and I knew I couldn't do it. I figured the station by that time would be open. I went up the stairs, consider I was all black and dirty and people were just starring at me. I can still remember their faces. I jumped over the turnstiles – there were still the old ones – and I got outside.

I had done some pretty nifty escapes from Magliana, but never like this!

Which are the yards that you moved around in most?

Laurentina, Rebibbia, Magliana...these are the 3. Then there are others places where they usually leave or deposit trains...but Magliana is a yard that you go to with a certain spirit, even psychological, because you know there will be guards, but you also know, if you're careful, that you could sort of take you're time. Usually you go to Magliana to do a single piece and you stick around for about 15 minutes, then you know you gotta take off.

When did the Magliana period take off?

When I was sort of obligated to go to Rome to paint since my Dad had taken away my motorbike. Here at night I could get around with public transport....

And if you go to Rome, where do you go? In the metro!

It was the end of 1998, beginning of 1999 and I began wheel painting there, in Magliana.

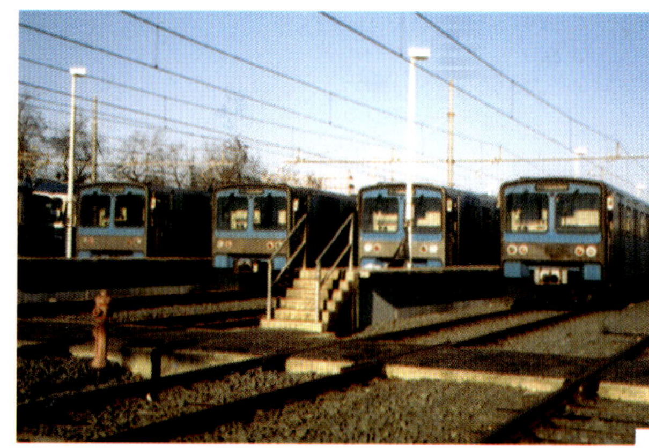

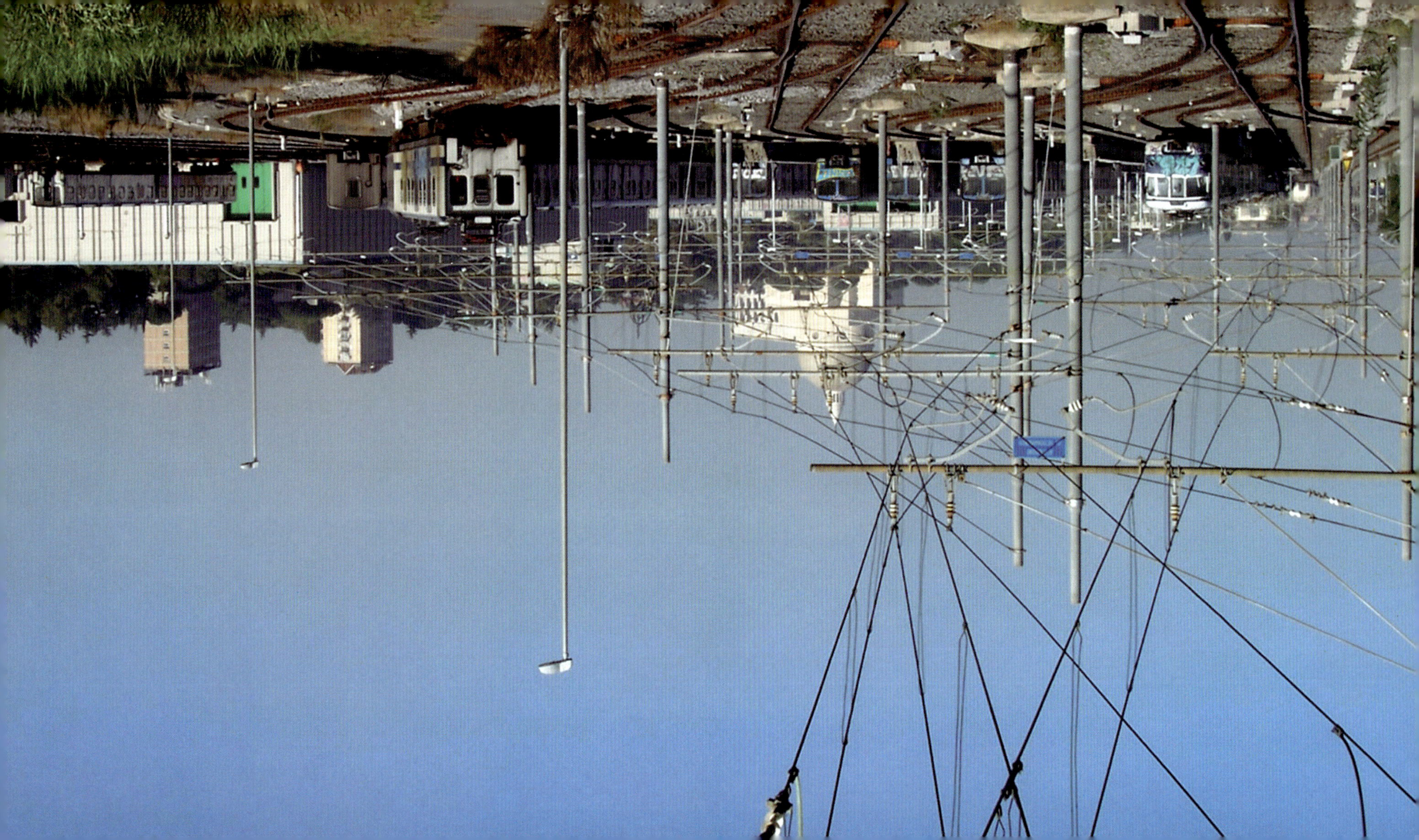

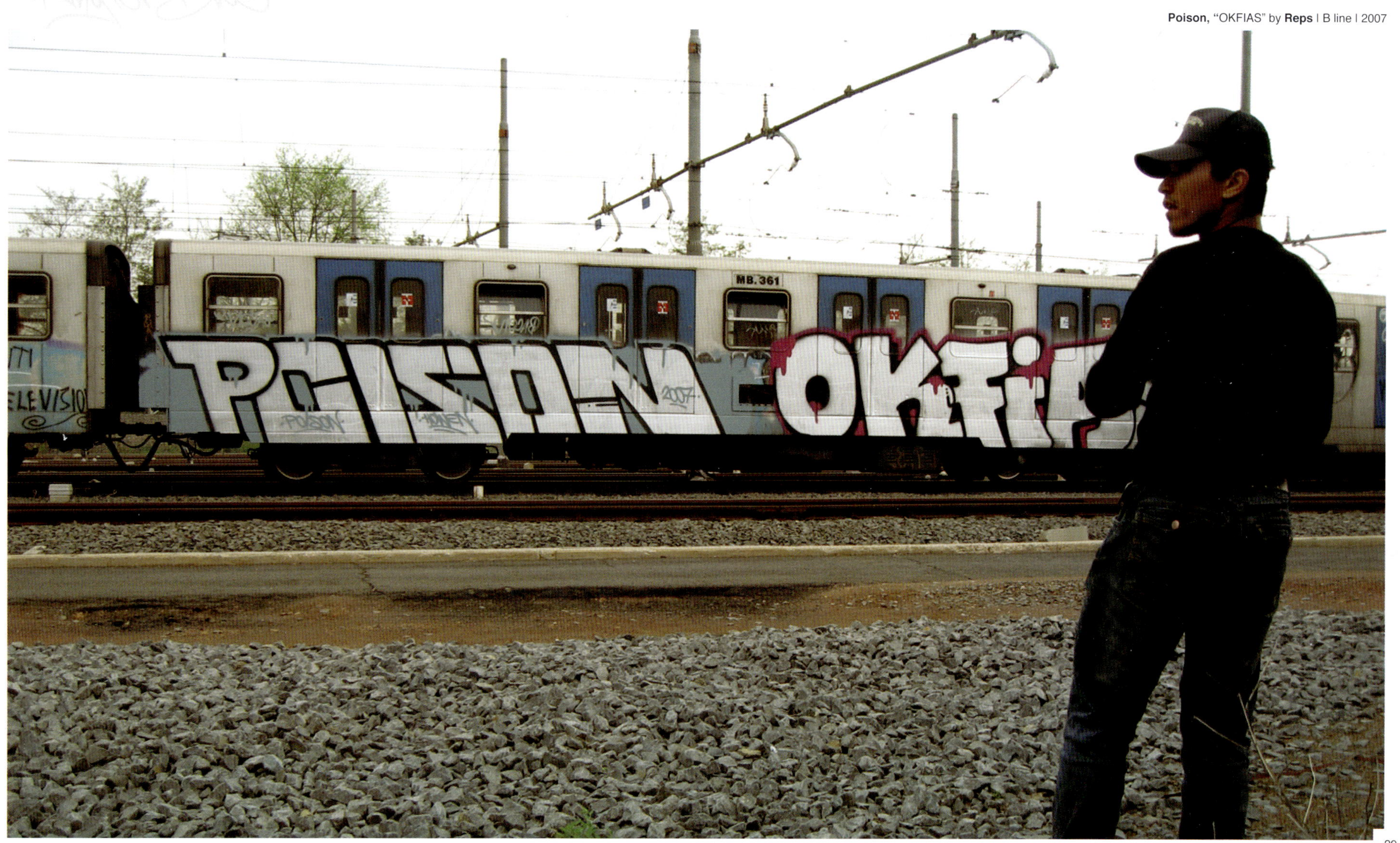

Poison, “OKFIAS” by **Reps** | B line | 2007

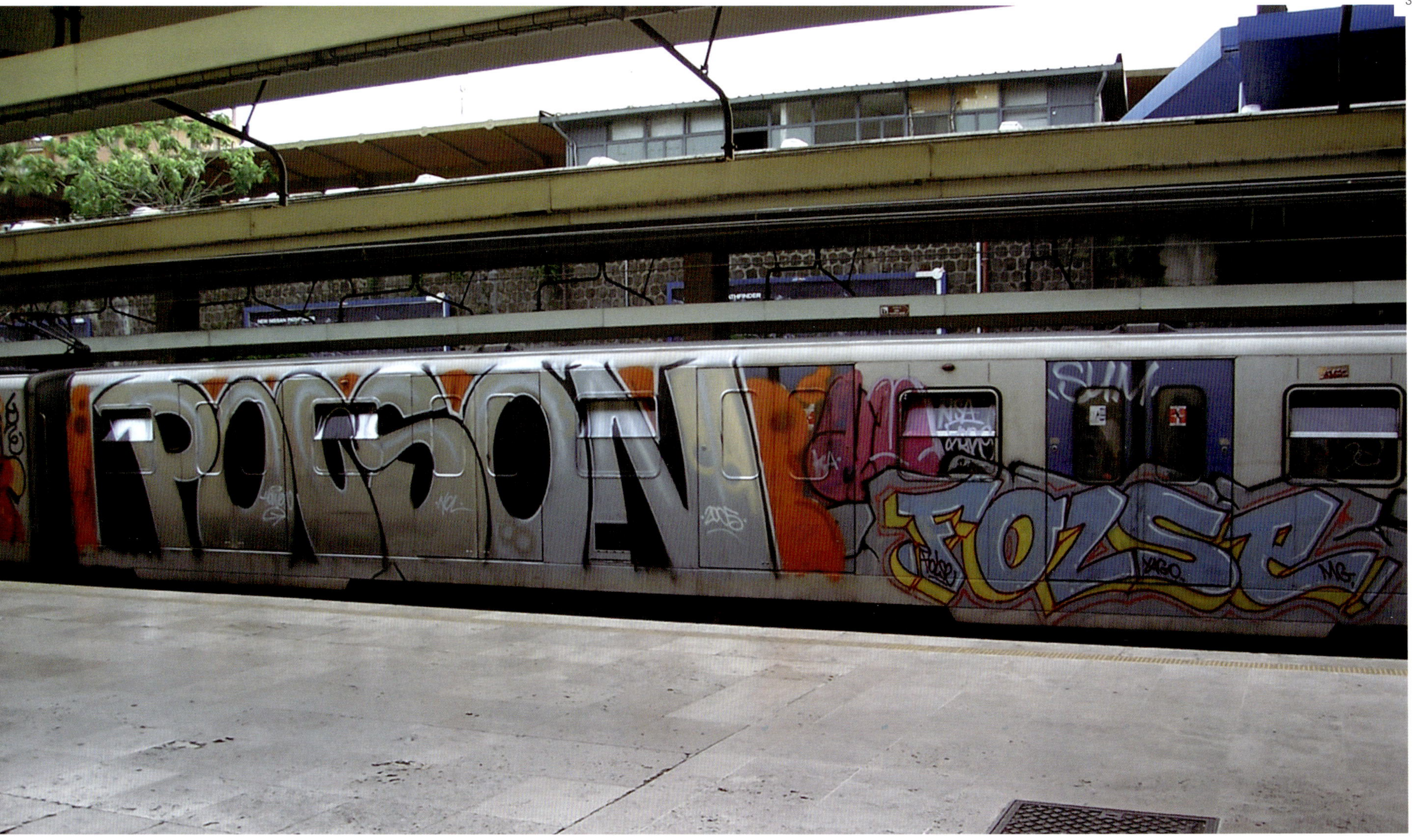

A Sunday afternoon at Magliana.

Poison | B line | 2005

"Appetite 4 Subway" by **Poison & Kosimo** | B line | 2007

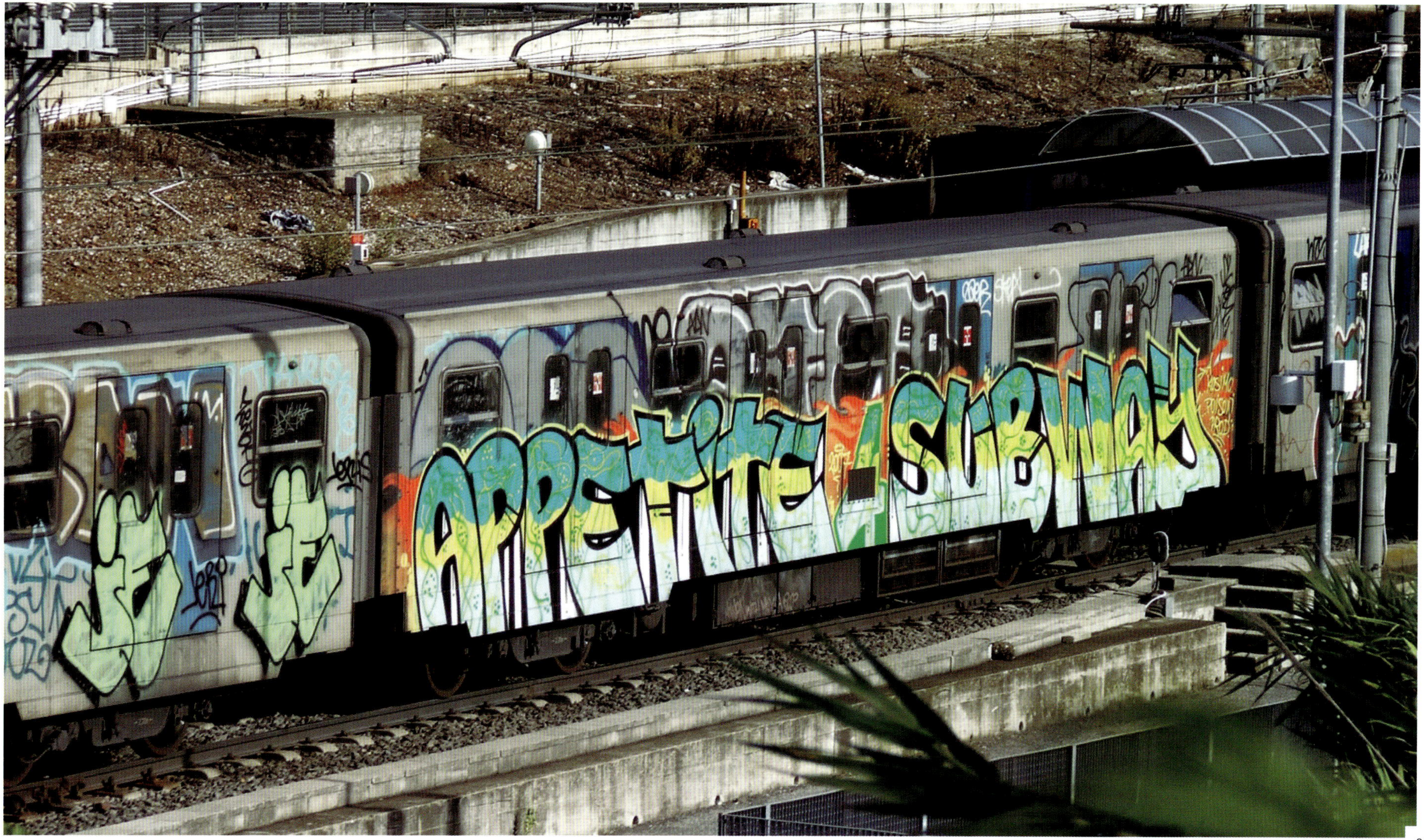

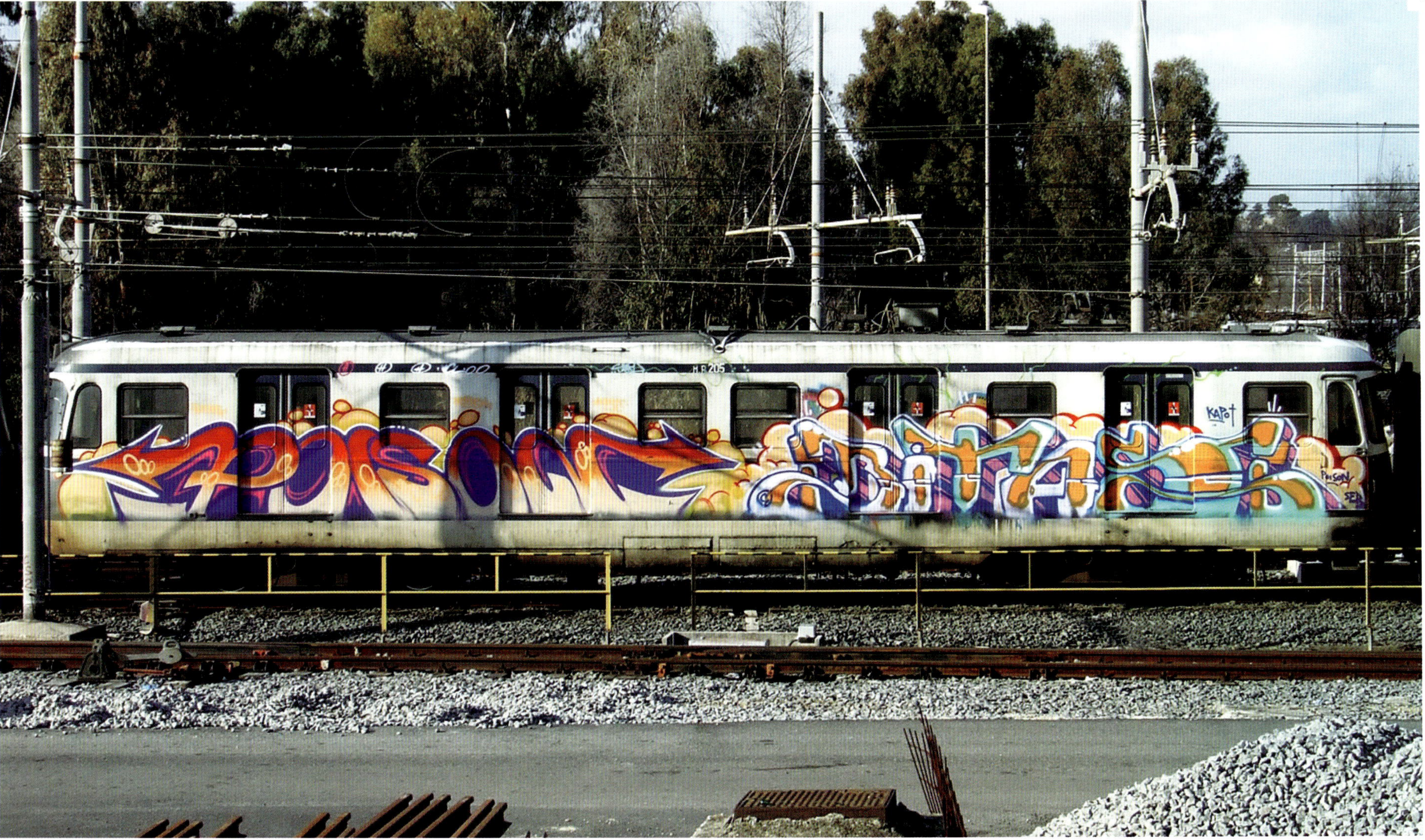

“With Bitas, I get around pretty good, since he’s used to painting
in the subway of Madrid. He has the right state of mind and he get’s you going real good.”

Poison, Bitas | Lido line | 2007

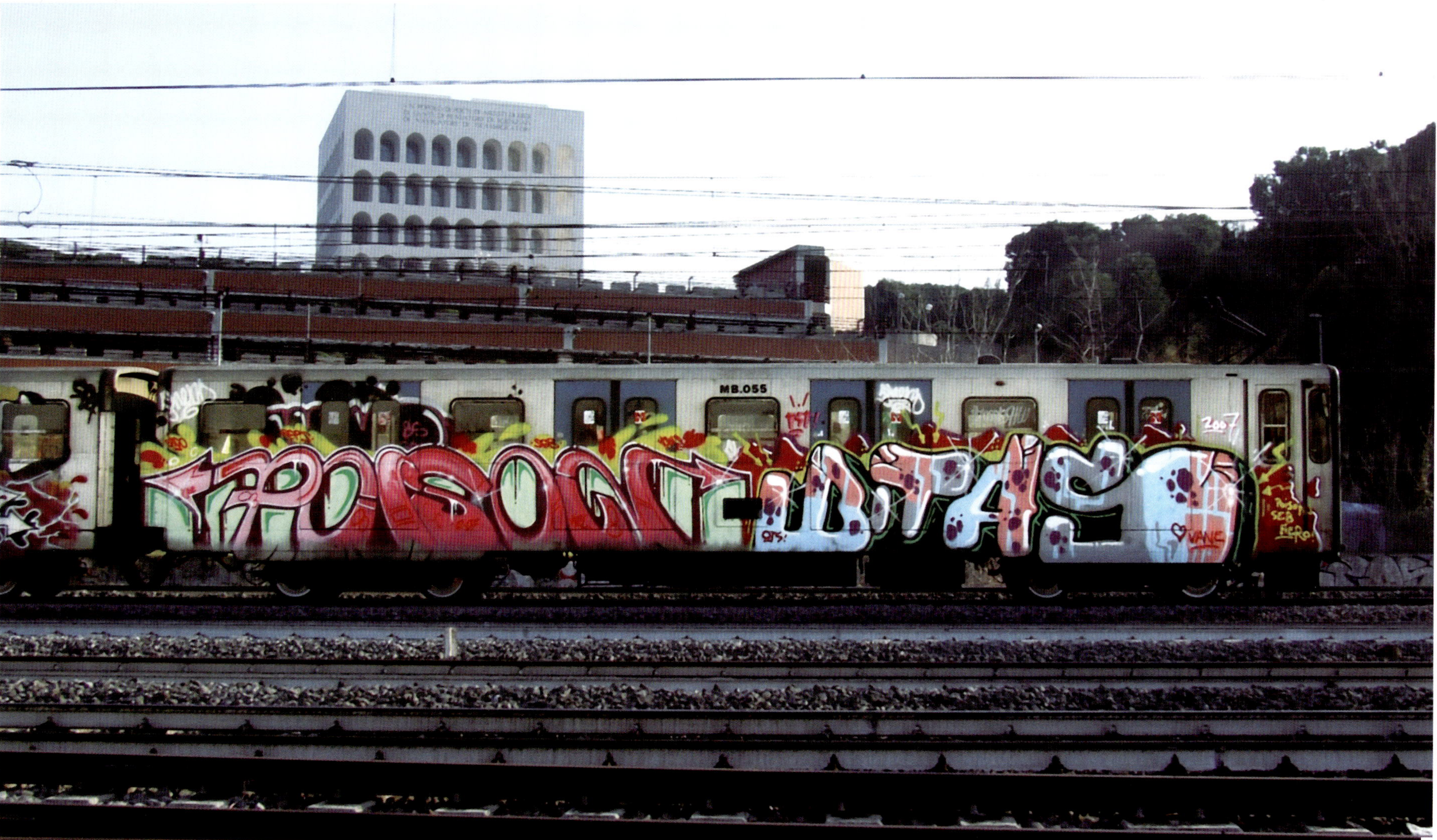

Poison, Bitas | B line | 2007

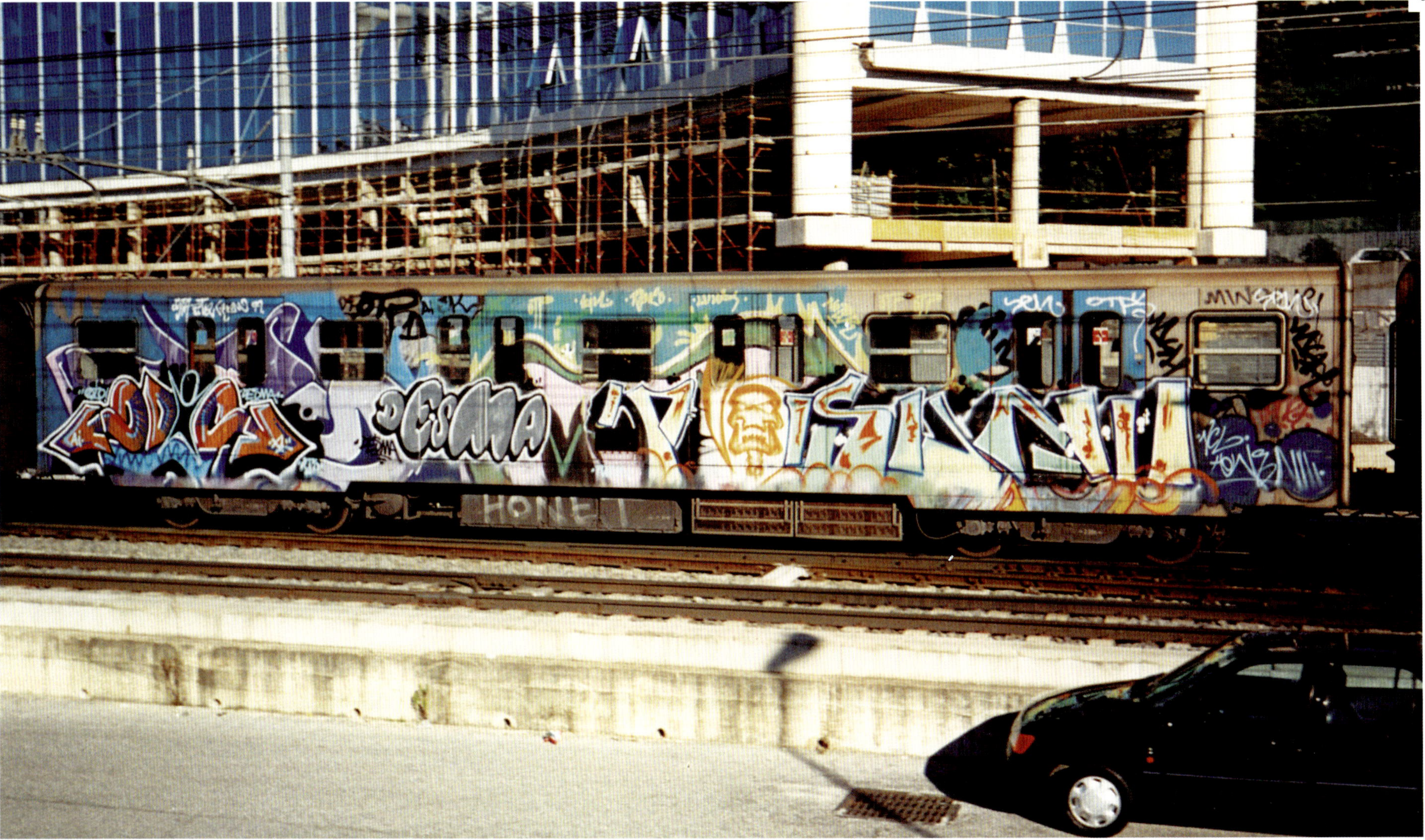

“Odio” by **Desma, Poison** | B line | 1999

"Odio" by **Desma, Poison** | B line | 1999

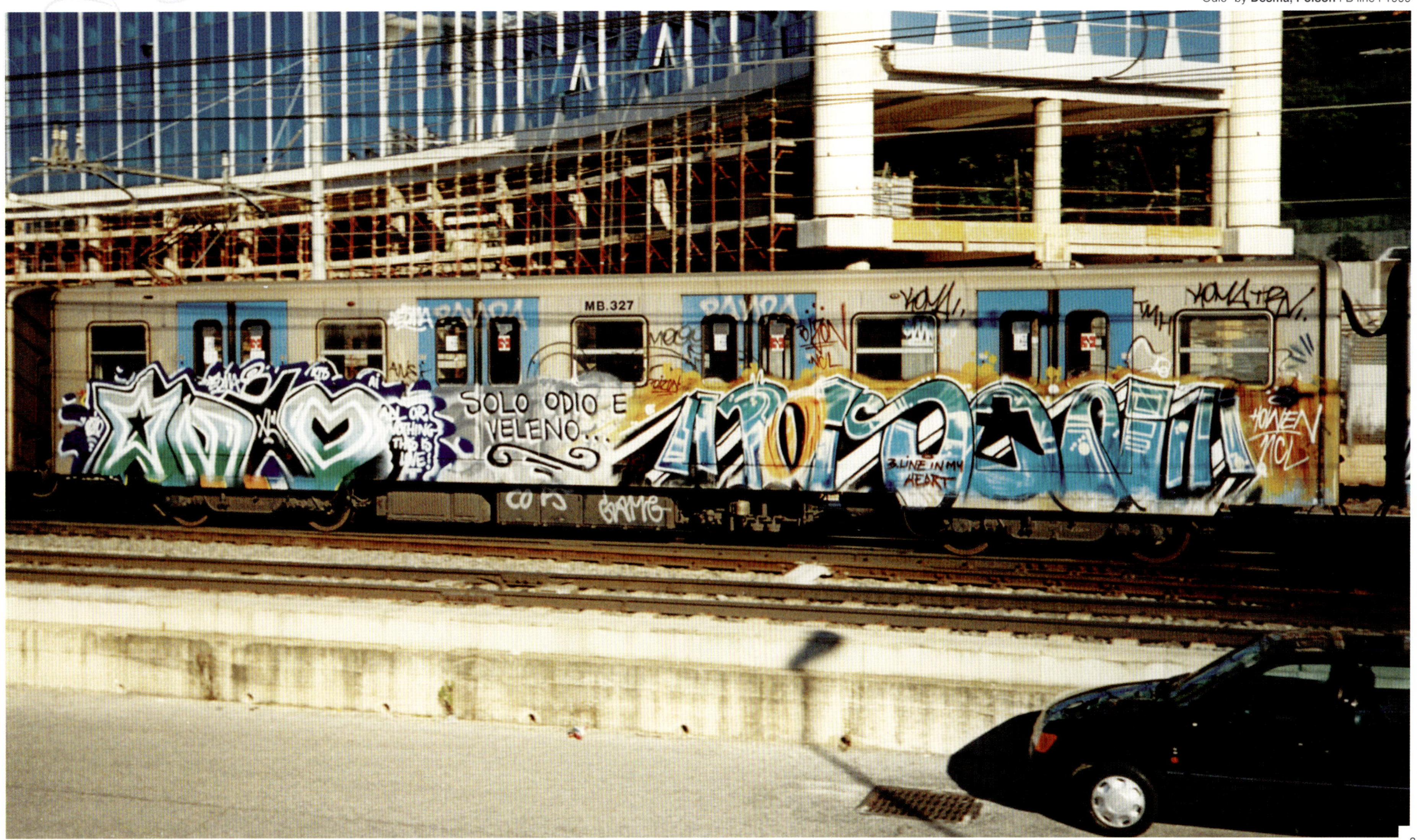

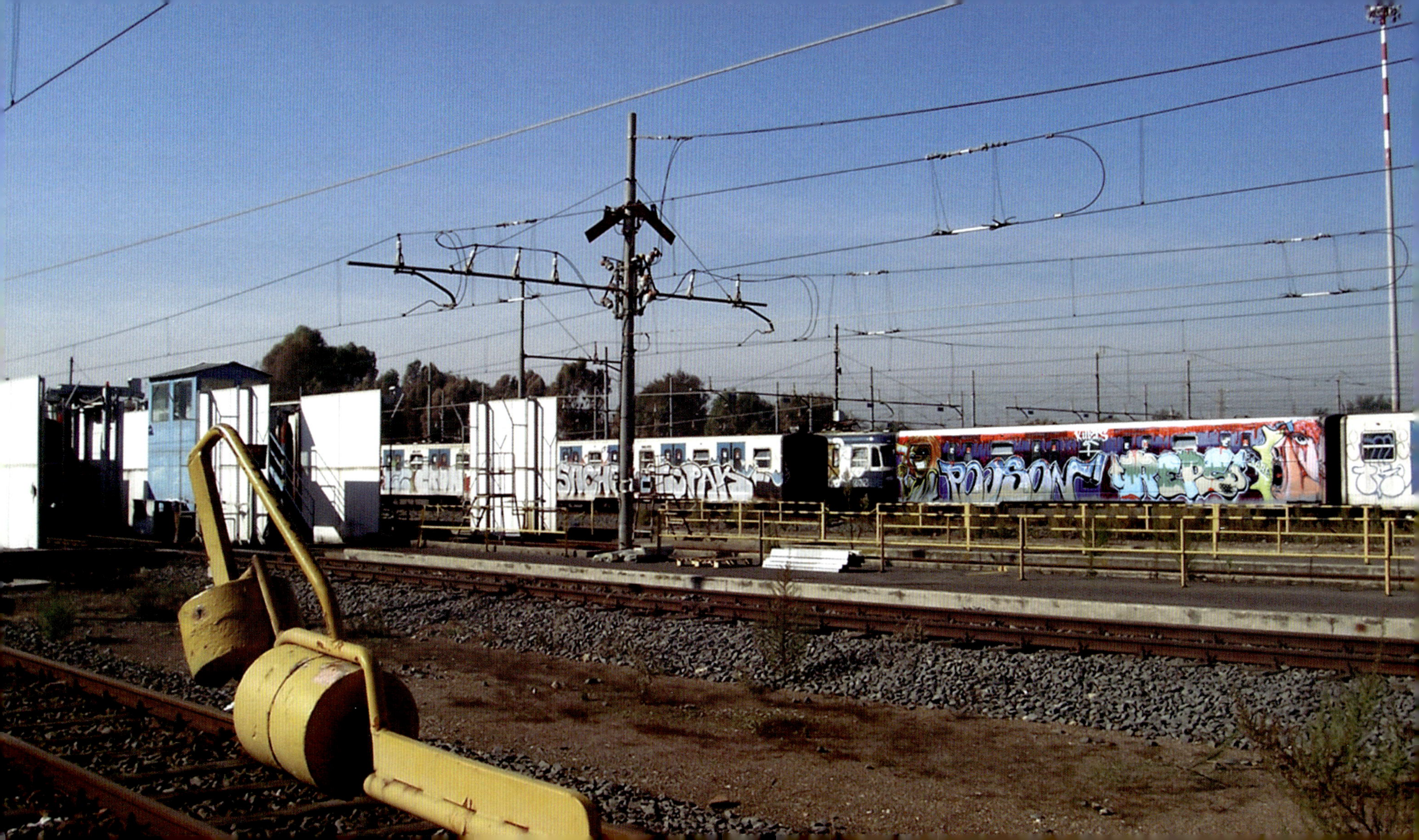

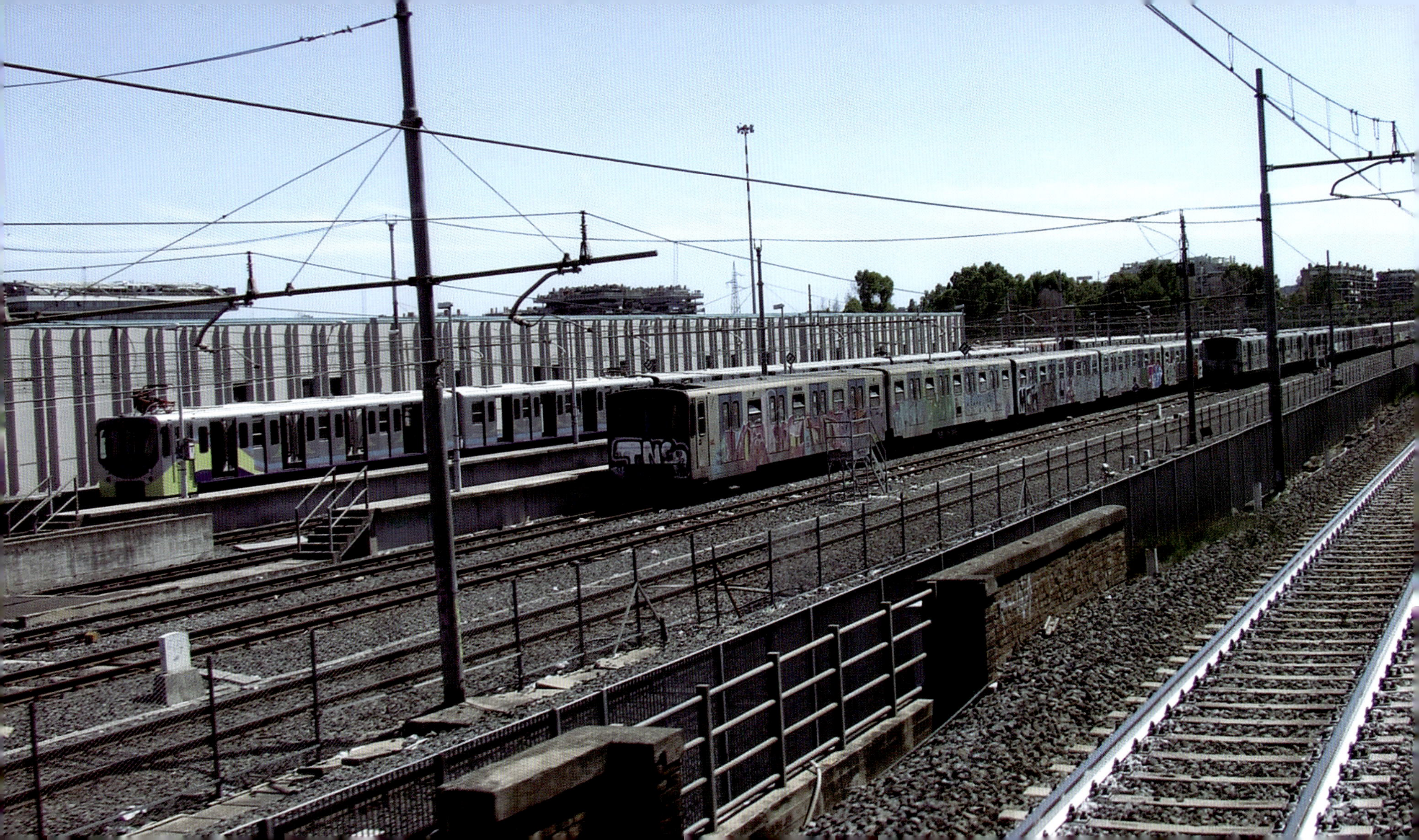

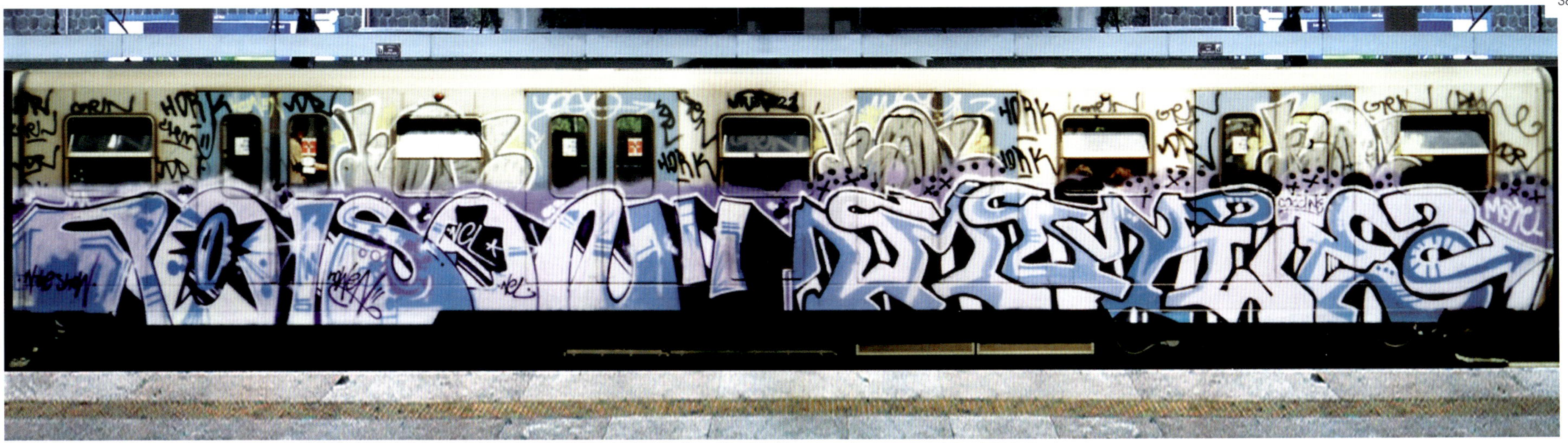

Poison, Moke | B line | 2000

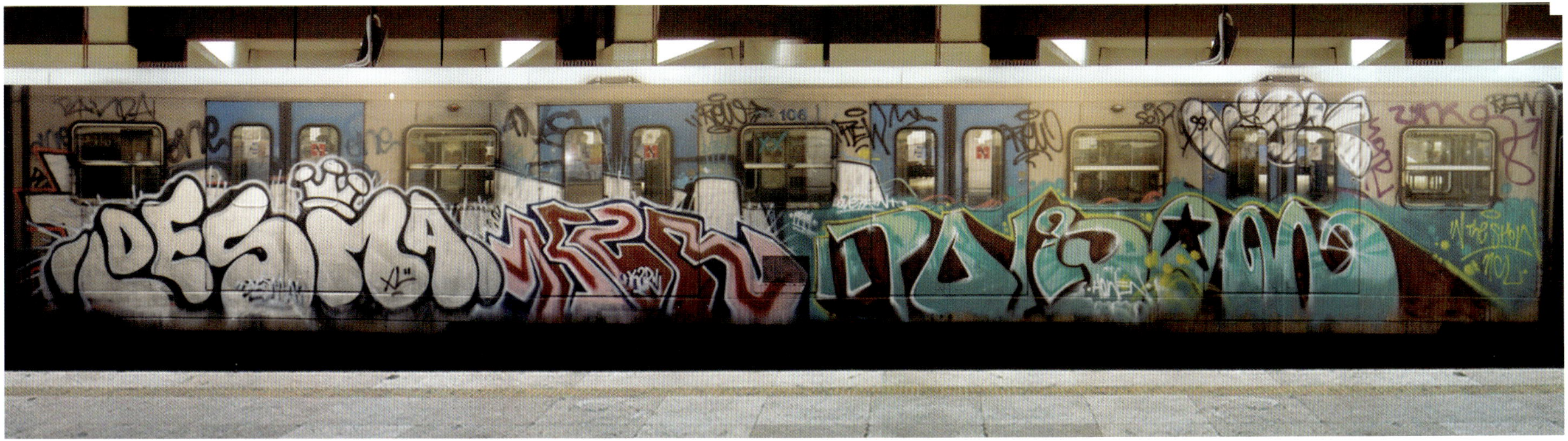

Desma K2R, Poison | B line | 1999

Desma, "Howen" by **Poison** | B line | 1999

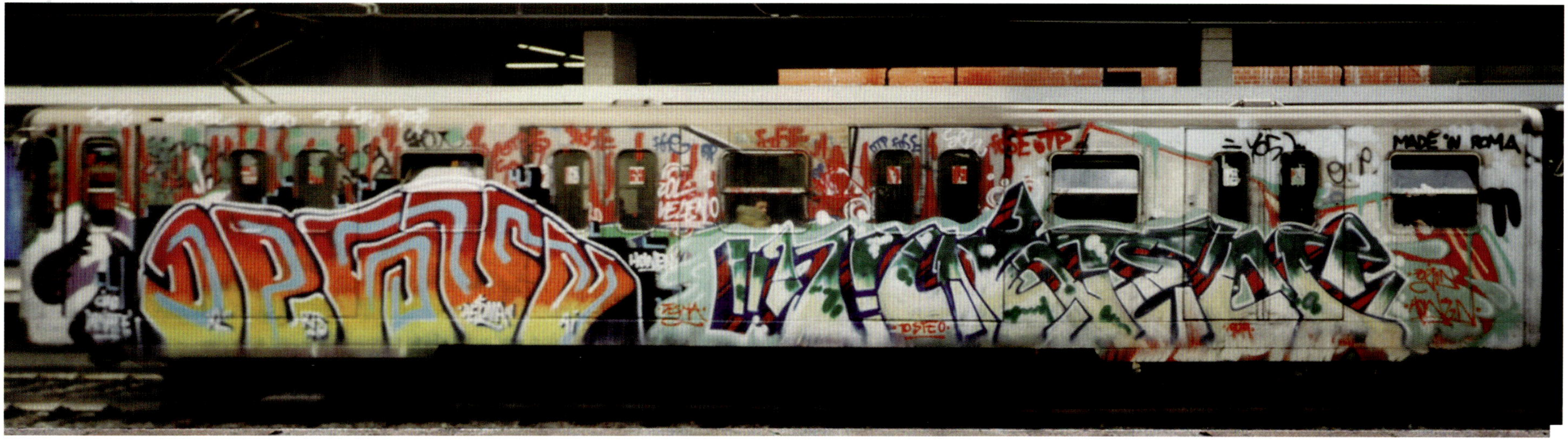

Desma, Poison | B line | 1999

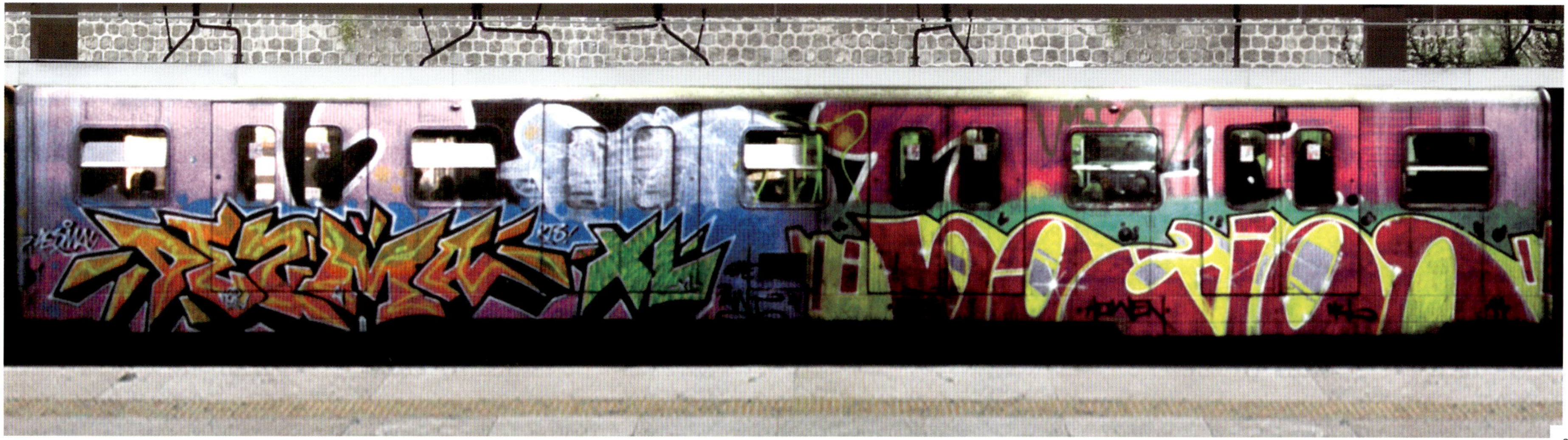

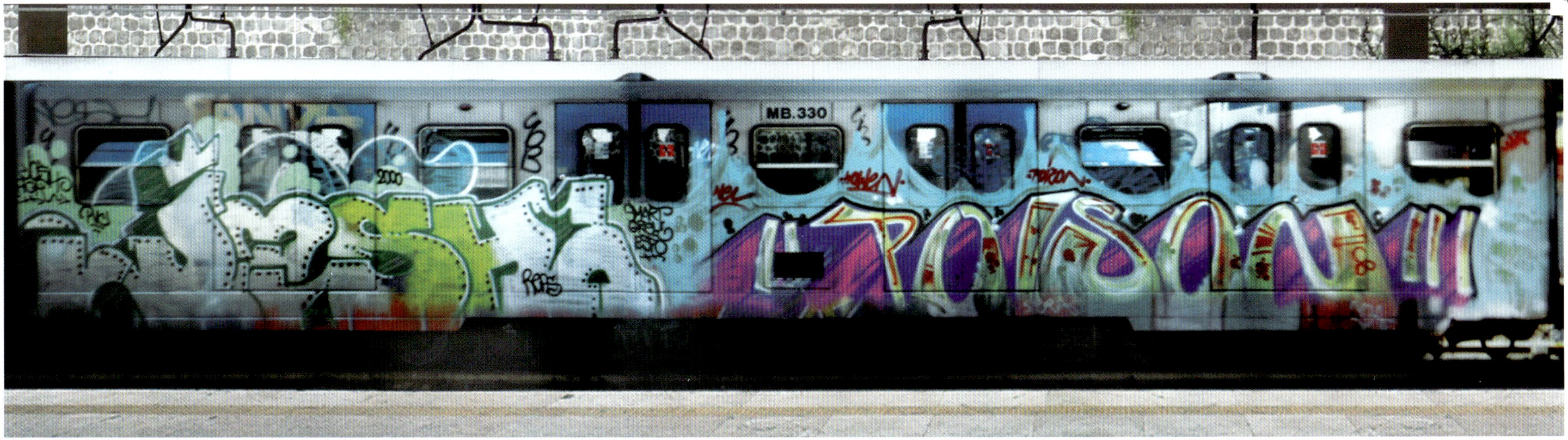

"Josh" by **Amaze, Poison** | B line | 2000

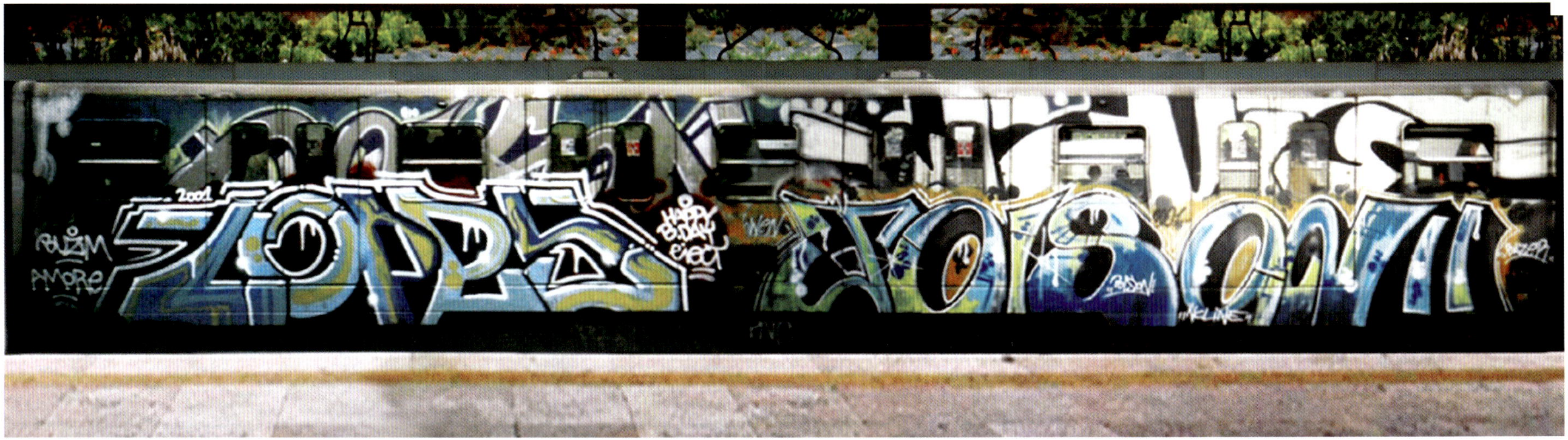

Lopes, Poison | B line | 2001

Poison, Dres | B line | 2001

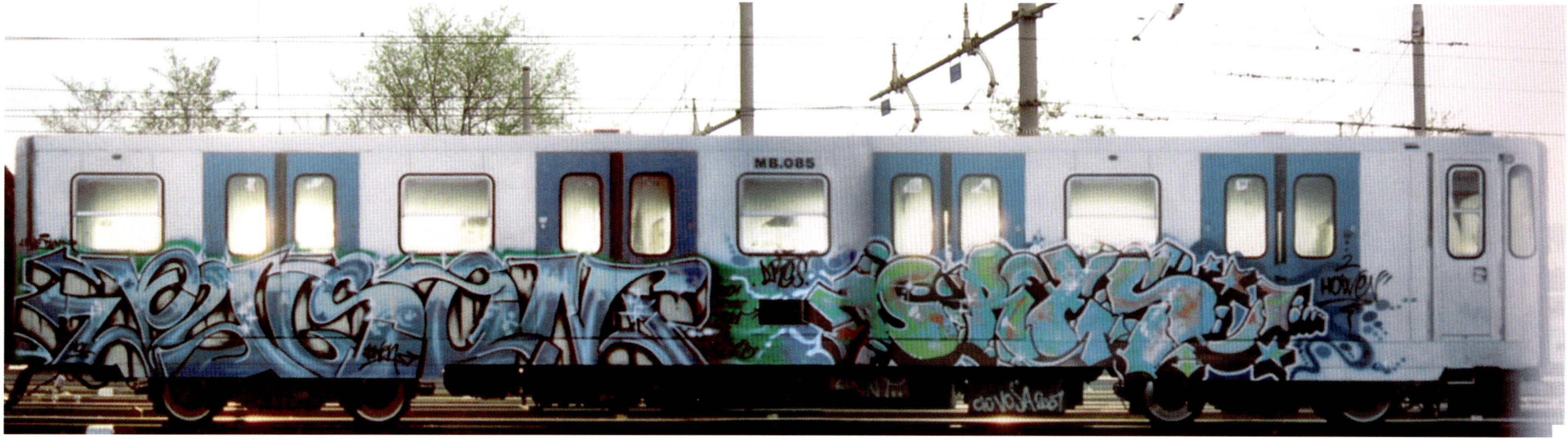

Poison, Dres | B line | 2002

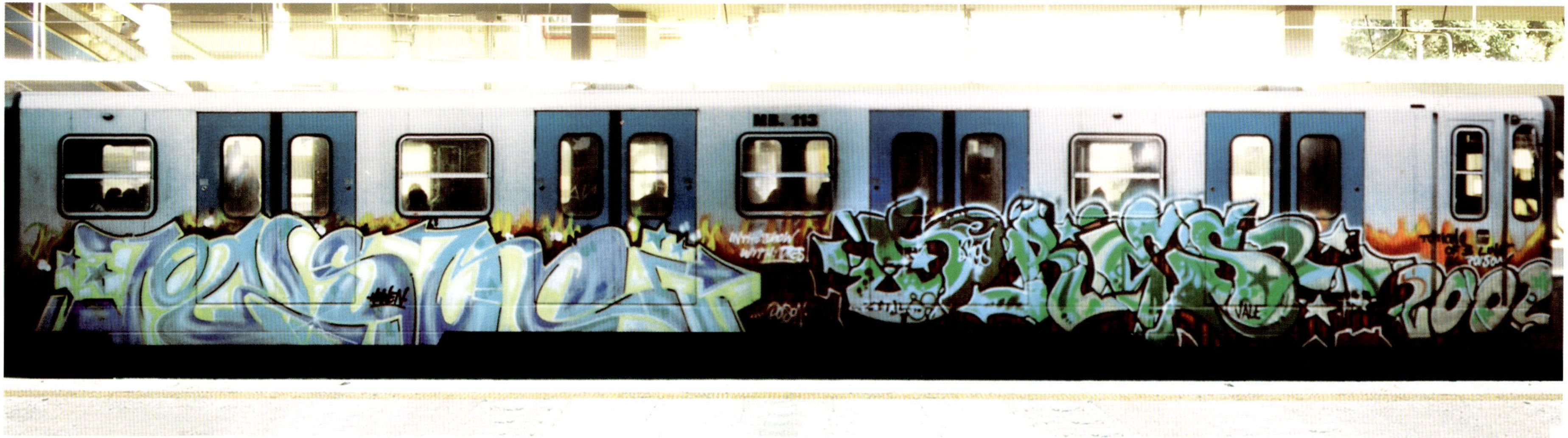

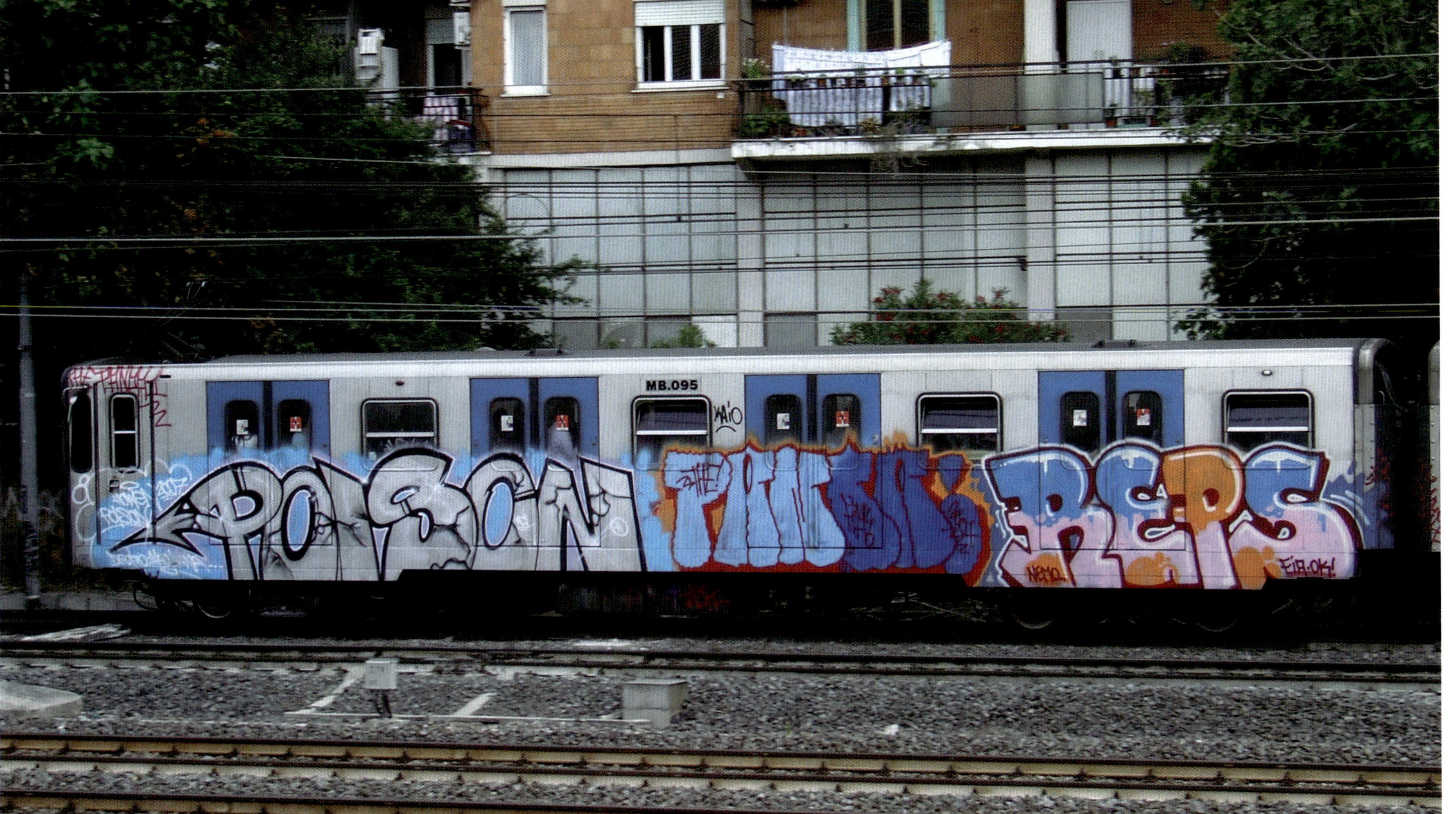

Poison, Panda, Reps | B line | 2007

"Ok style" by **Reps, Poison** | B line | 2006

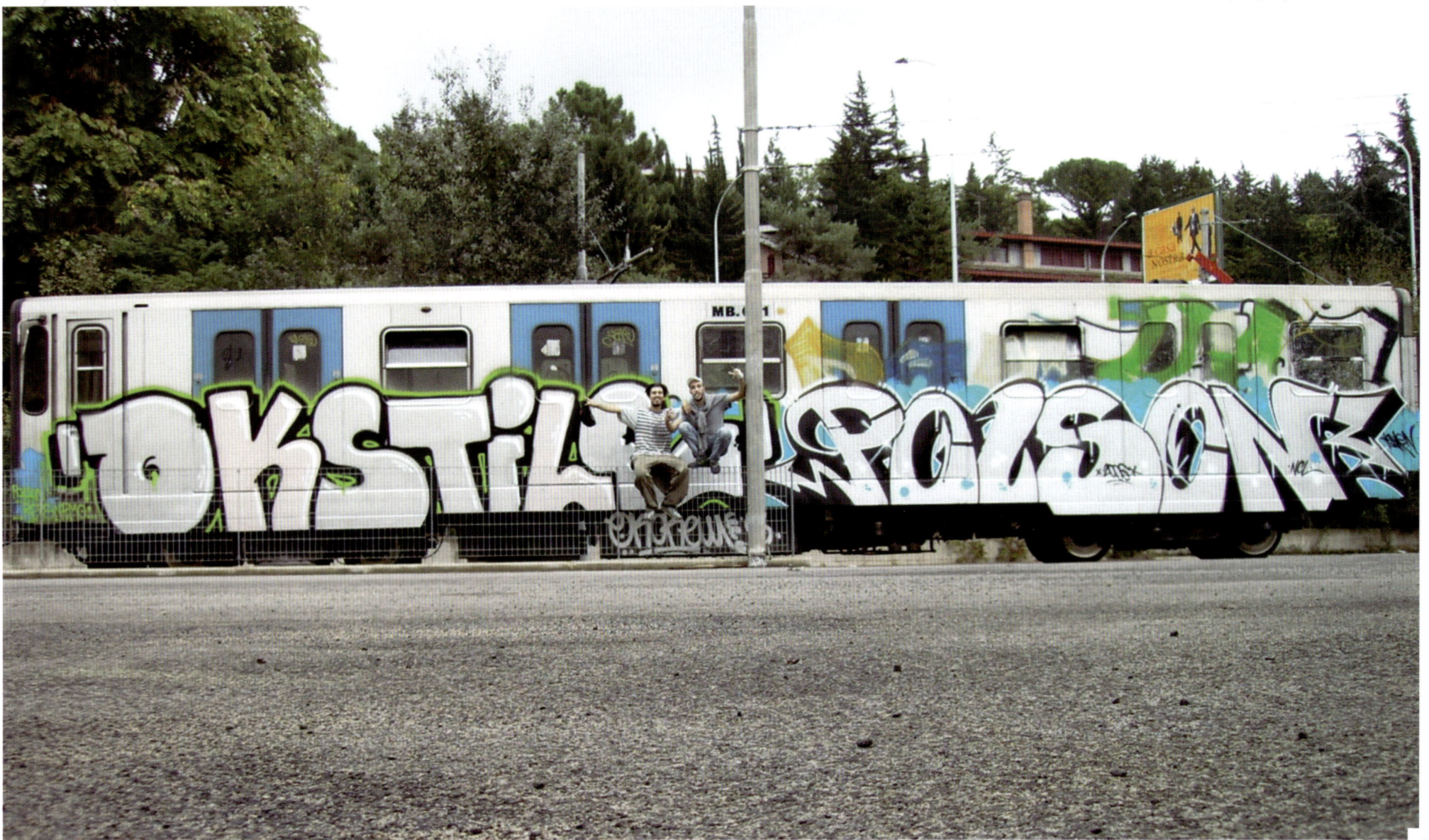

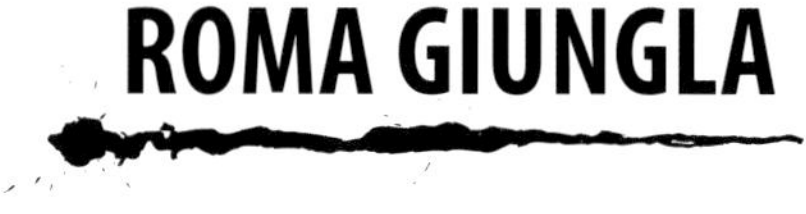

Quali sono, o sono stati, per te gli esponenti principali della scena romana del writing?

Io ho sempre avuto una scaletta in testa per quanto riguarda l'ambiente della metro: **Heko**, **Stand** e gli altri della **TRV** sono stati i primi esponenti, sono stati il mio punto di riferimento.

Poi **Trota**, il **Panda**, **Reps** e il **Jon** con la sua crew; li ho sempre visti come fratelli, con cui condivido la stessa chiusura mentale.

Per arrivare a dipingere come hanno dipinto loro, e come anche hanno fatto il Polacco (ndr. **Lash**) e **Ver**, venuti dopo, ci devi essere perso.

Il **Trota** si differenzia da un certo punto di vista perché è stato più tecnico nella ricerca dei posti, prima di andare a Magliana ci pensa quattro volte!

E come il **Panda** ha fatto la storia della metro.

Il **Panda** ha fatto anche tendenza.

Non solo ha dipinto a manetta ma si è portato dietro, mentalmente, tutti i ragazzetti. Per me sta avanti. La roba sua non mi faceva impazzire, però mi rendo conto che ha influenzato anche me e con **Hekto** hanno addirittura influenzato altre città.

Il **Jon**, un altro dei miei fratelli in senso mentale, è un king, nel bene e nel male... ed anche se la sua concezione del writing è differente dalla mia, comunque rimane che si è portato dietro metà città...e poi sta impicciato col cervello!

Reps invece è stato allucinante, non solo in metro ma ovunque a Roma. La persona con cui ho dipinto di più, quindi un fratello nel senso stretto, con la mia stessa chiusura mentale, in più caratterizzata da una visione espansiva che lo porta ad essere presente su ogni superficie.

Cosa intendi quando parli di chiusura mentale?

Intendo che Roma è una città che porta quasi a chiuderti. Con il pensiero stai incanalato in una certa direzione, hai una passione: la tua città e sopra tutto la sua metro!

E quindi passi le notti a farti gli sbattimenti sempre nello stesso luogo, perché non ti manca niente e quindi il bucio de culo te lo fai qui. Non lo so, ti scatta un meccanismo: sto a Roma, ho la metro, mi posso sedere in stazione e vedermi i miei pezzi. È quello. Basta. Non ti schiodi! Sai quante volte mi chiamano amici anche dall'estero?

Sì, da paura, ti vengo a trovare, gli dici. Non c'è un cavolo da fa, poi alla fine non te muovi!

Dieci anni fa stavo in fissa a farmi l'interrail, a dipingere in giro, ma quando cominci a fare la metro, e a stare bene nella tua città, ti crei un fortino, le mura romane, e non ti schiodi più.

Da qualche anno a questa parte, di andare a fare un interrail manco ci penso!

Quindi non ci sono treni al di fuori di Roma a cui aspiri?

Essendo molto radicato nella mia città, chiuso di capoccia ormai da anni, non sono nemmeno tanto interessato a collezionare pannelli su modelli di treni particolari.

Per esempio se ci sta il viaggio a New York, bene, ma non necessariamente per dipingere, perchè non è una realtà che sento mia!

Non c'è nemmeno una scena, anche europea, che ti attrae? Che magari è simile alla scena romana?

No. Ci sono delle persone che mi attraggono dal punto di vista tecnico. Sono attratto più dai soggetti che dai luoghi.

Ho la mia situazione, dove sono cresciuto, da cui ho tratto insegnamenti anche per la vita. Non mi manca niente. Io lo faccio soprattutto per me stesso, perché mi piace e basta. Il fatto di sedermi in stazione e vedere i tuoi treni che passano, sono cose a cui sei abituato e non ti fanno desiderare di andare a New York a fare la metro.

Secondo te che reputazione hai tra gli altri writer, in che modo ti guardano?

Ti posso dire che la gente, e di questo posso solo essere contento, mi ha sempre voluto bene.

Sono stato sempre rispettato. Alla gente che ha visto i miei pezzi, penso di aver dato qualcosa, energia, emozioni e sogni, sia ai giovani che a chi è presente da anni, trasmettendo quel fomento che ti spinge a continuare. È la stessa cosa che accadeva a me quando vedevo i pezzi degli altri che giravano: la voglia di iniziare, continuare e di andare avanti.

Che rapporto hai con loro?

Direi tranquillo, di reciproco rispetto. Alla fine penso che la **ZTK** sia una delle maggiori crew di Roma: trova cinque persone che dipingono quasi nella stessa maniera e condividono le stesse opinioni...per tutto questo tempo! Però per causa di forza maggiore, dipingendo in metro per tutti questi anni, qualche scazzo tra noi c'è stato. Comunque col **Ver** ho dipinto un paio di volte. Col **Jon** ho dipinto una volta sola, c'era anche **Ver**, e ci siamo fatti un end to end in tre sulla Lido.

Who do you think were the main players on the Roman scene in writing?

I always had a scale in mind with regards to the metro/subway scene: **Heko**, **Stand** and the others from **TRV** have always been the main players, they've always been my reference point.

Then there's **Trota**, **Panda**, **Reps** and **Jon** with his crew; I've always seen them as brothers, with which I share the same closed mind and train of thought. In order to paint the way they do, and like the Polacco (ndr **Lash**) did and of course **Ver**, who came after, you have to be out of your mind.

Trota can be seen from a different point of view because he's always been much more strategic when choosing his places, before he goes to Magliana he thinks about it over and over again! And just like **Panda** he created the history of metro/ subway art.

Panda has always created the fad.

He not only painted like crazy, but he created a following. For me he's way ahead. His stuff didn't drive me crazy, but I've realized that he's influenced me and with **Hekto** they've influenced other cities as well.

Jon, another of my brothers from a mind frame point of view, is a king, in the good and bad…and even if his conception of writing is different from mine, it remains that he brought at least half the city behind him…and of course he's out of his mind completely!

Reps was crazy, not only in the subway but all around Rome. The person I painted with the most, a brother in a strict sense, with the same mind framework, as well as characterized by an expansive vision that brings him to be visible on any surface.

What do you mean by closed framed of mind?

What I mean is that Rome is a city which brings you to close up. With your thoughts your closed into a specific direction, you have a passion: your city and "above all" your subway!

Therefore you go through nights painting in the same places, because you've got everything you need. It's like a mechanism that falls into place: I'm in Rome, I have the subway, I can sit in the station and look at my pieces. That's it. Enough. You don't move! You know how many times my friends call, even from abroad? Yeah sure, I'll come and visit, I tell them.

Then there's nothing you can do, cause you don't move an inch! Ten years ago I was obsessed with doing the interrail, painting all around, but when you start the subway, and you start enjoying your city, you build your safe place, your Roman walls, and then your stuck. It's a few years now, but I don't even think about going to do an interrail!

Therefore there aren't other trains that inspire you, except for the ones in Rome?

Being extremely rooted in my city, really closed up mentally, I'm not even interested in collecting panels on specific models of trains. For example if there's a trip to New York, great, but not necessarily to paint, because it's not a reality that's a part of me!

There isn't even another scene, even European, that you feel attracted to? That's maybe similar to the Roman scene?

Nope. There are people that I find fascinating from a technical point of view. I'm attracted to subjects from different areas. I have my situation, where I grew up, from which I learned from. I have everything I need. I do this for myself mostly, because I like it and that's it. The fact of sitting in the station and watching the trains go by, are things I'm used to and they don't make me desire going to New York to do the subway.

What kind of rep do you think you have amongst other writers, what do you think is their opinion of you?

What I can tell you is that the people have always cared about me. I've always been respected. I'm pretty sure I've given something to the people who've seen my pieces, emotions, energy and dreams, especially to young people, giving them that push that keeps them going. It's the same feeling I would get when I would see other people's pieces: the urge to start, continue and keep going.

What kind of relationship do you have with them?

Let's say pretty good, reciprocal respect. In the end I think **ZTK** is one of the more prominent crews in Rome: find five people who paint the same way and you'll see they share the same opinion…. for almost the whole time! But due to force majeure, painting in the subways all these years…a few exchanges of opinion have taken place. Anyway with **Ver**, I've painted twice. With **Jon** I only painted once, and there was also **Ver**, and we did an end to end in three on the Lido.

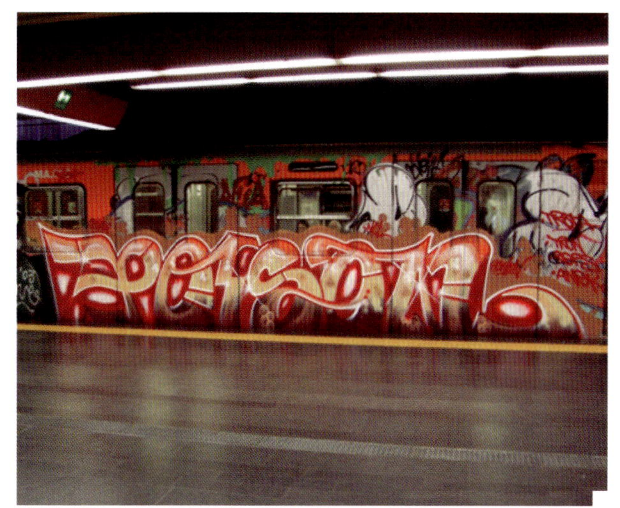

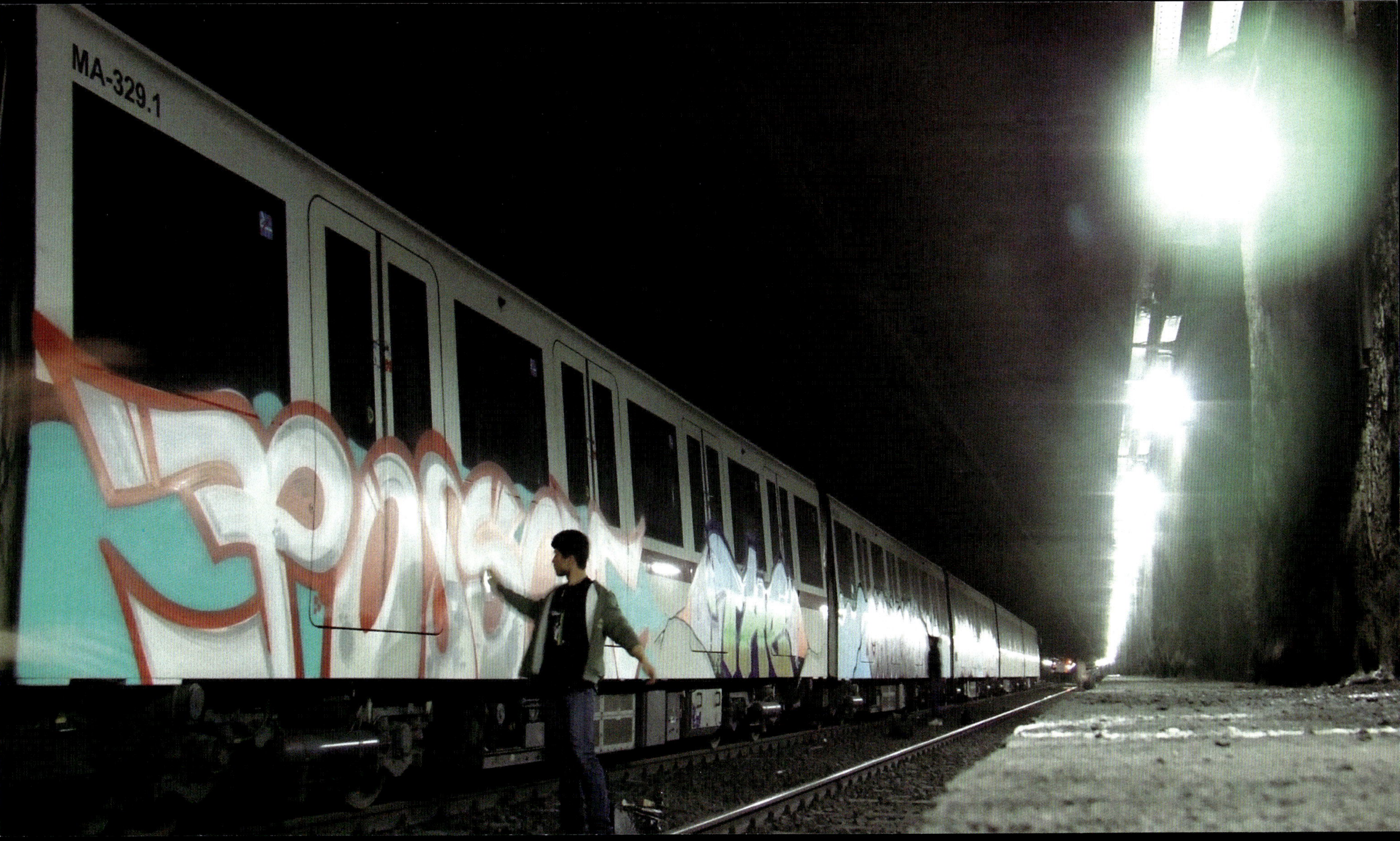
MA-329.1

Devils, Poison | Lido line | 2008

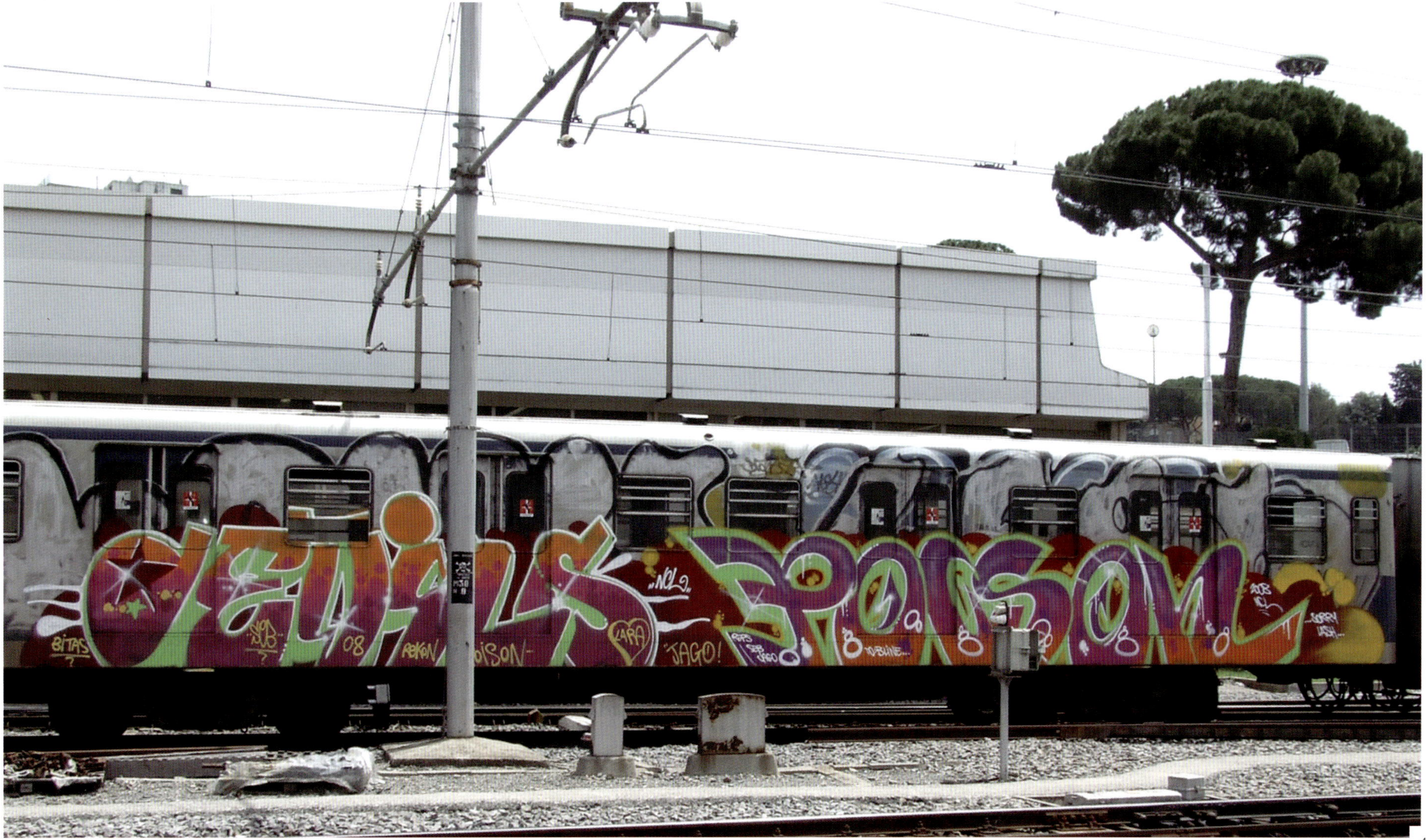

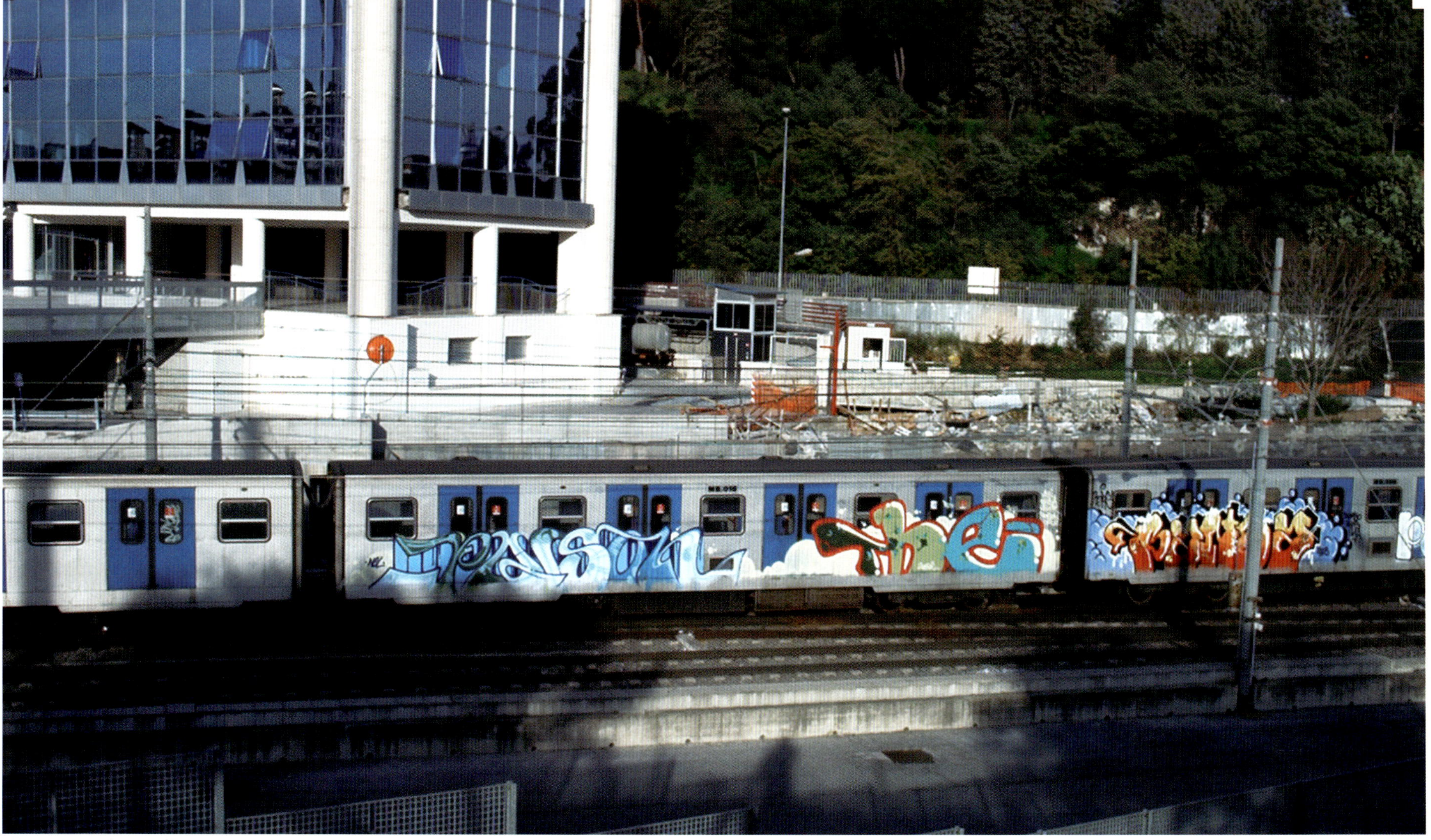

Mr. THE: 'this piece was done 2 days after I was arrested.
I knew I had to get going or I would stop painting forever, this is my first E2E with Poison'.

Poison, The, Panda | B line | 2003

Panda, Poison | B line | 2003

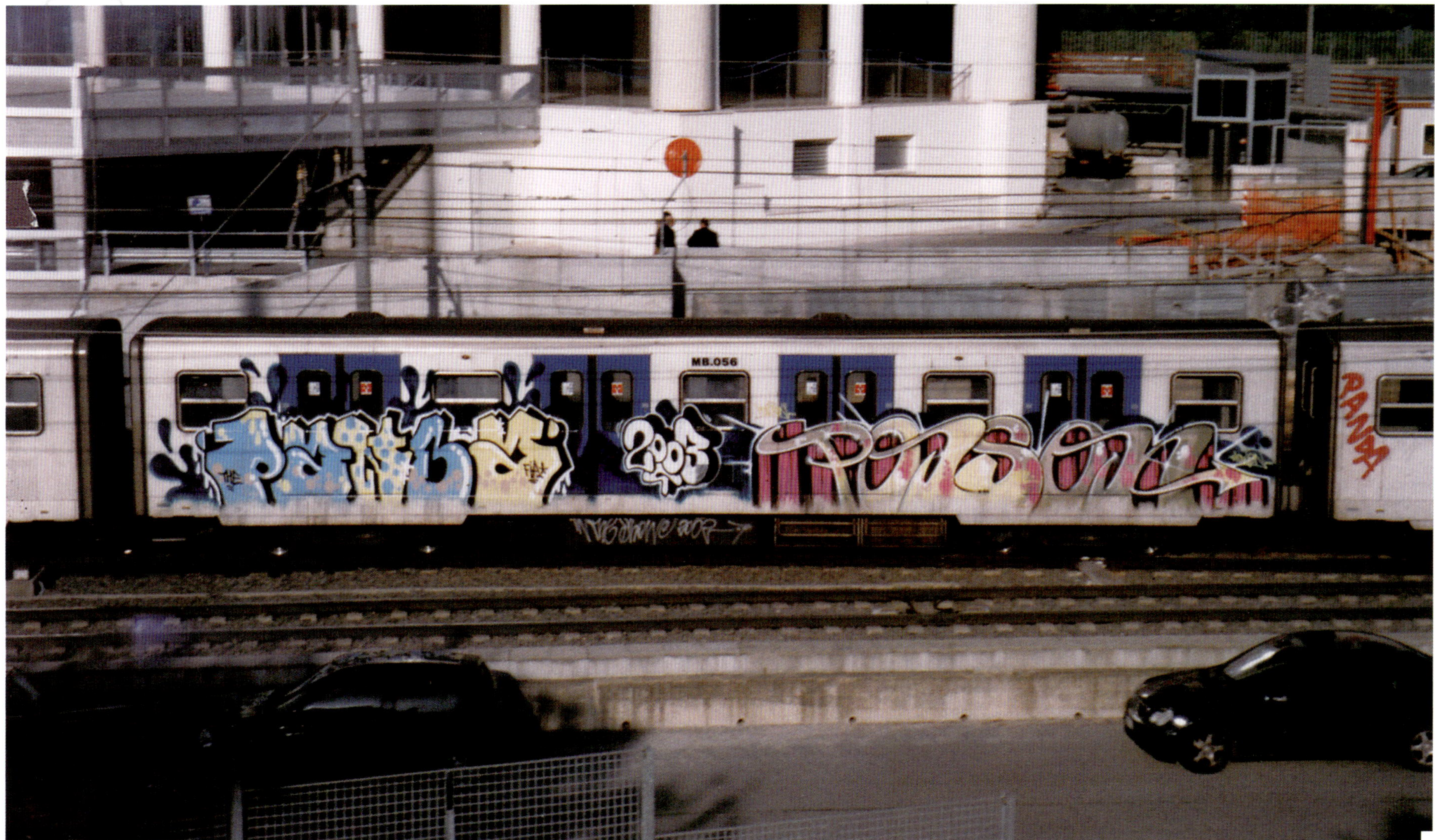

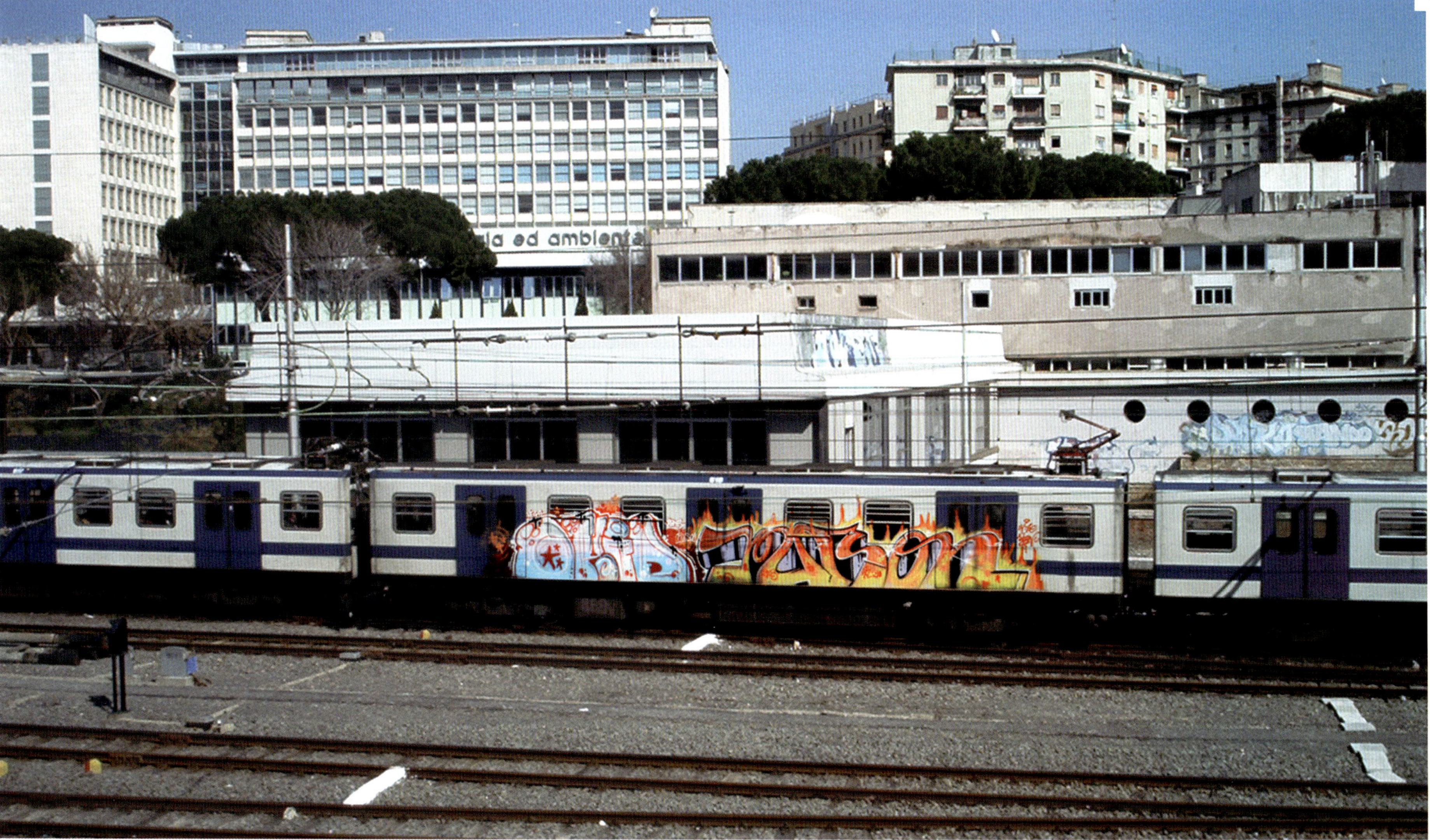

This is the oldest piece circulating on this line.

"Okid" by **Reps, Poison** | B line | 2003

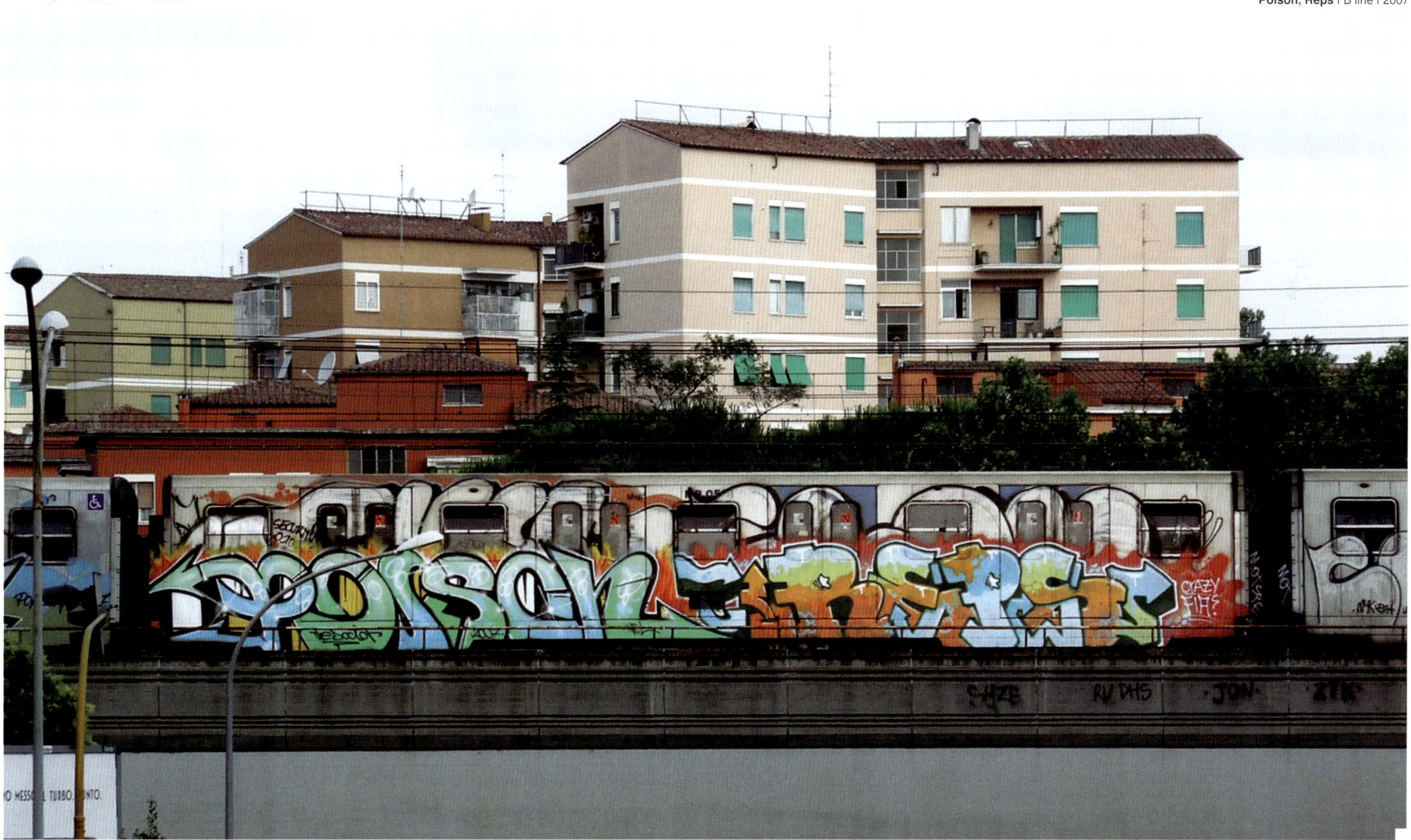

Poison, Reps | B line | 2007

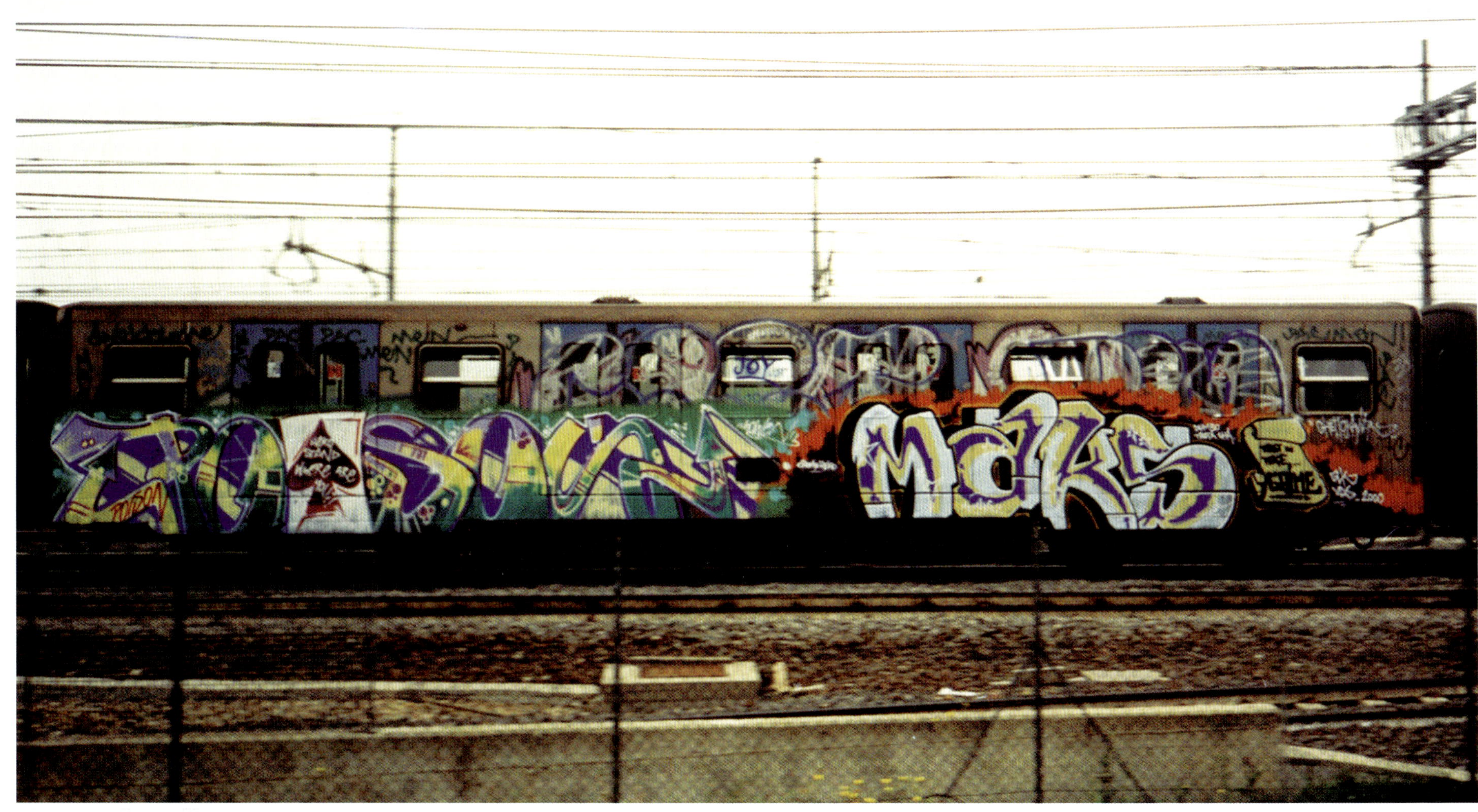

Poison, Maks | B line | 2000

Poison, Heman | B line | 2000

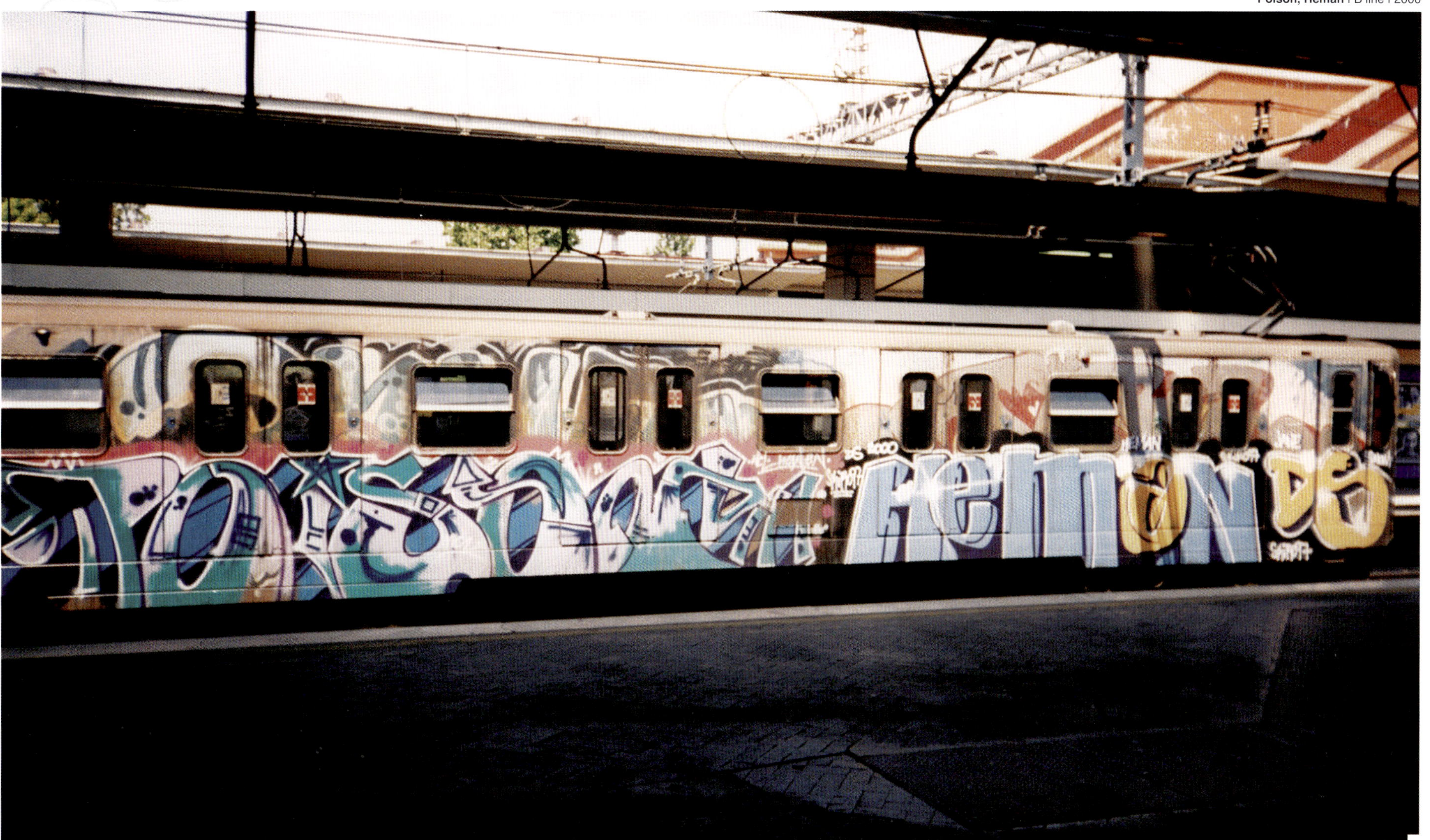

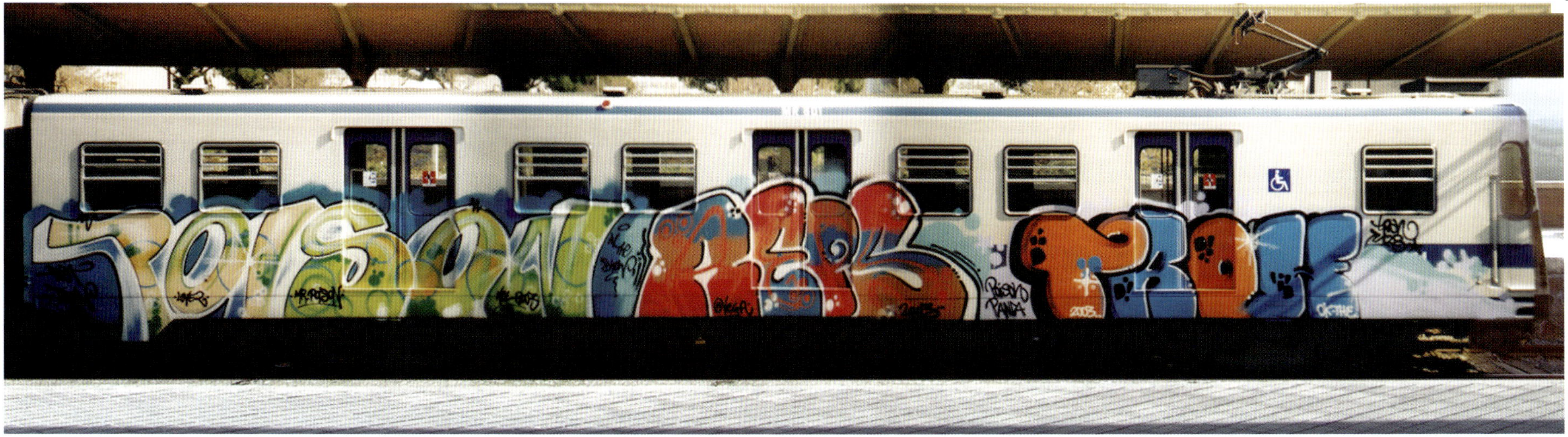

Poison, Reps,Tron | Lido line | 2003

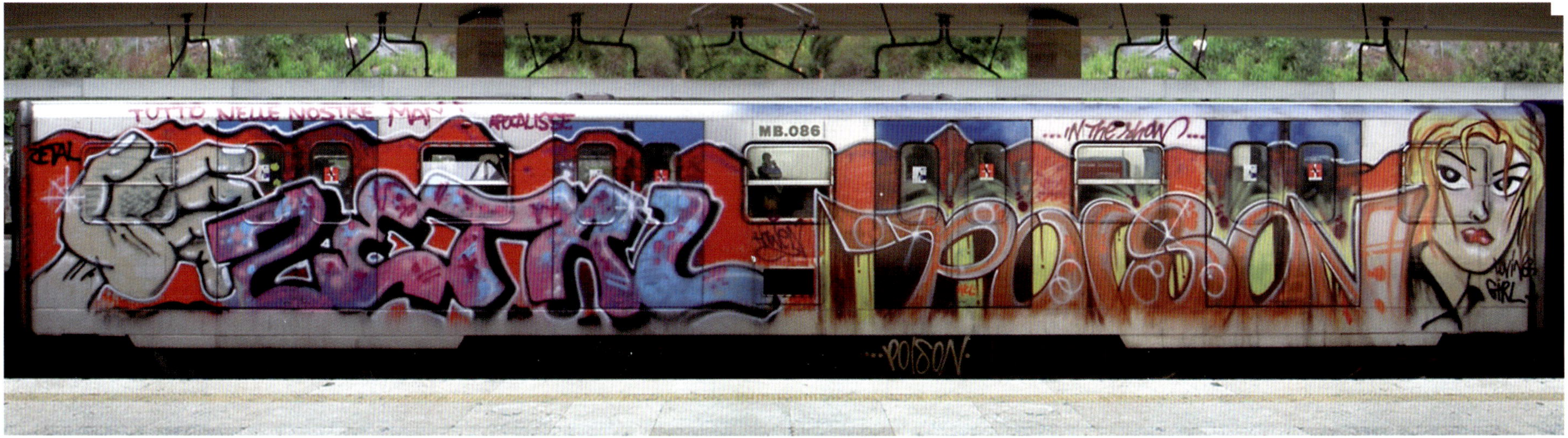

Zetal, Poison | B line | 2004

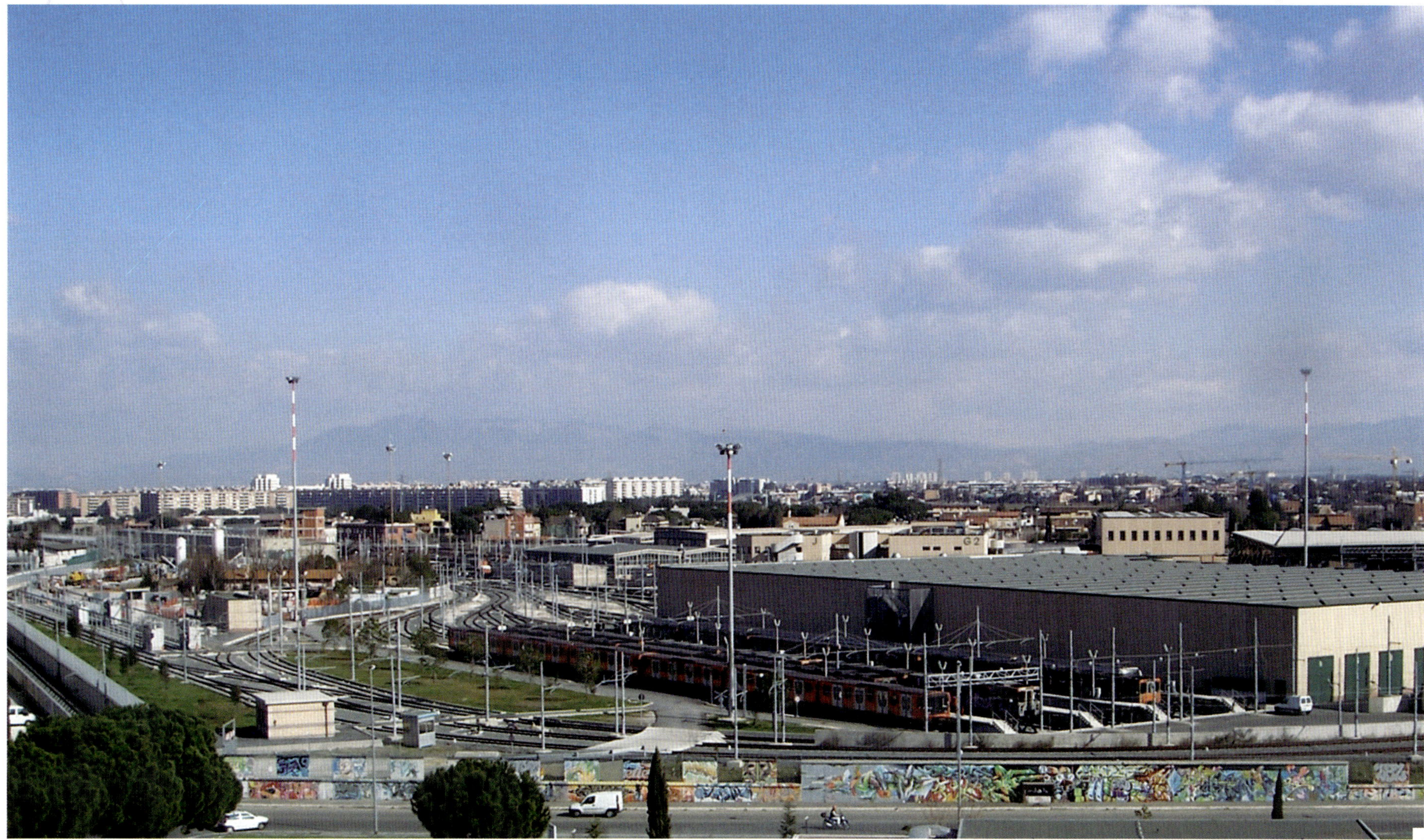

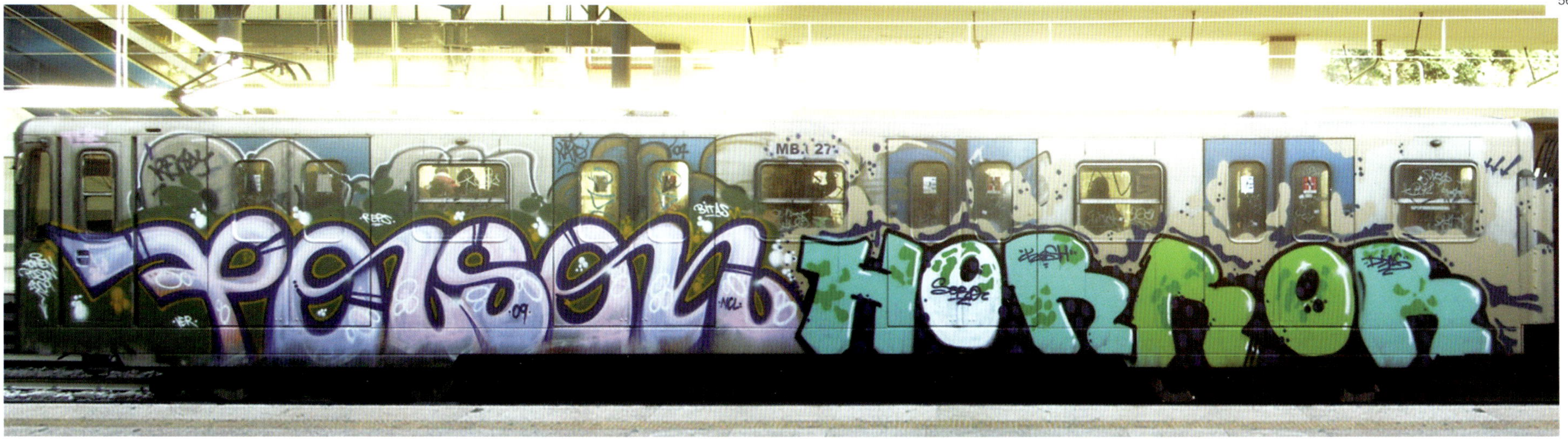

Poison, “Horror” by **Kapot** | B line | 2009

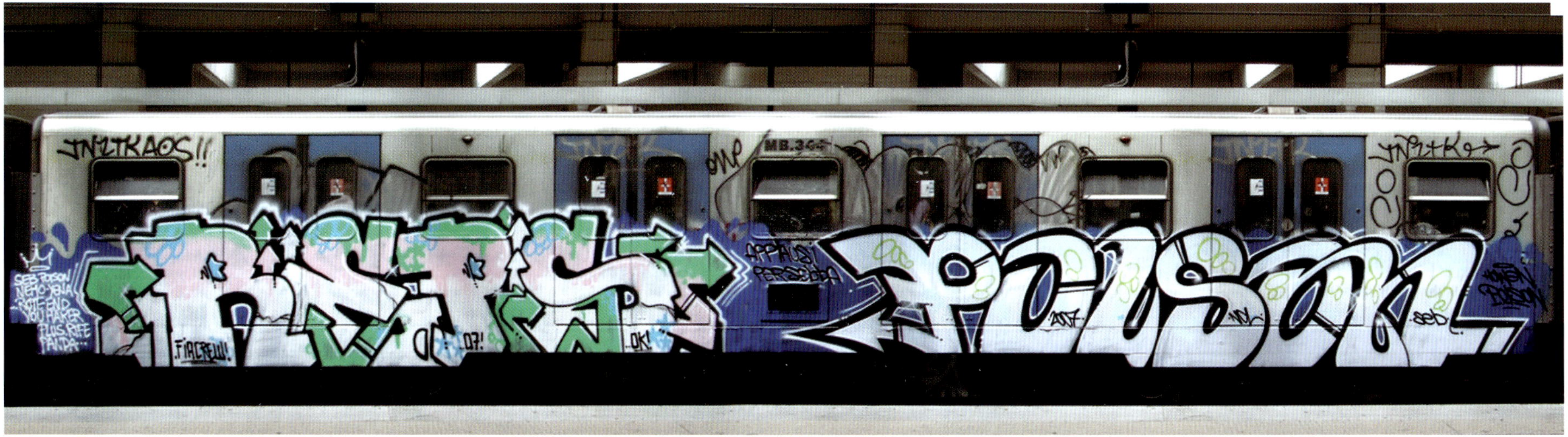

Reps, Poison | B line | 2007

Poison, "Tonys" by **Kemh** | B line | 2007

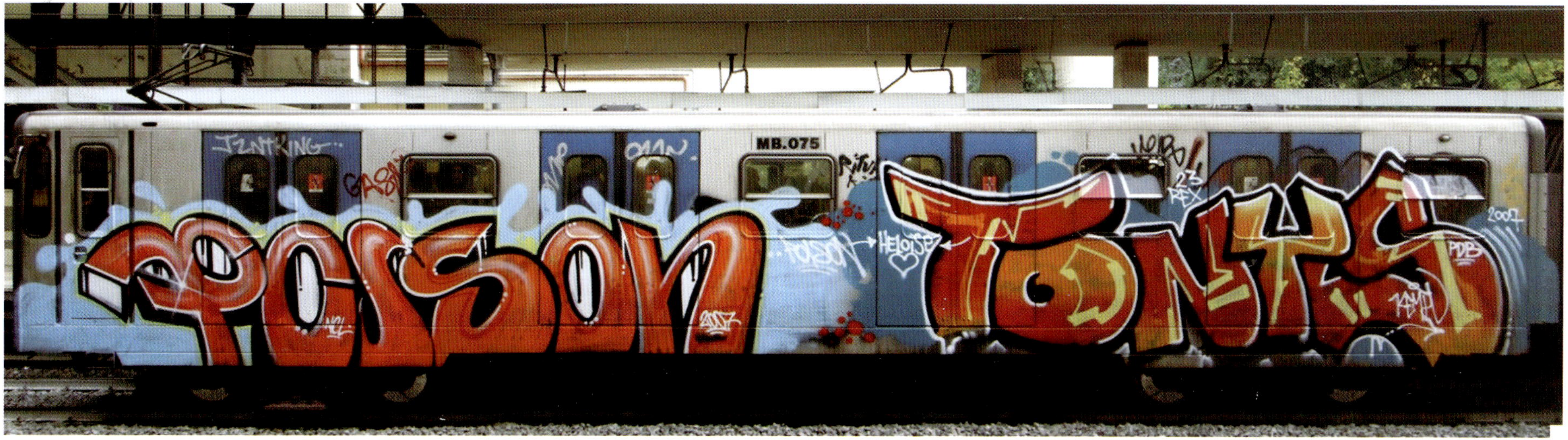

Niswe, "Er Gallina" by **Poison** | B line | 2008

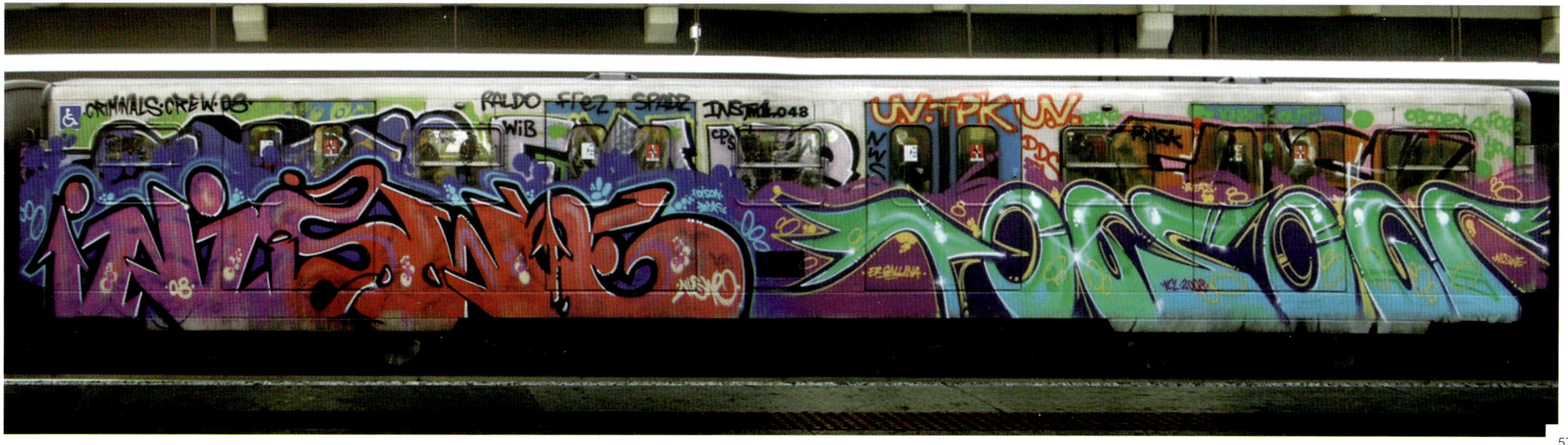

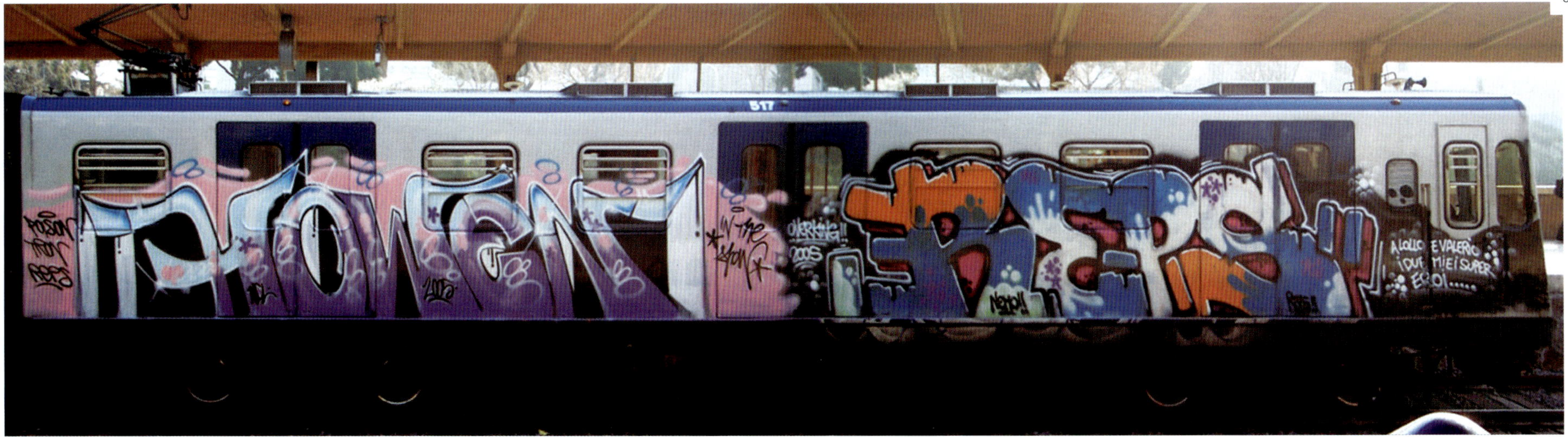

"Howen" by **Poison, Reps** | Lido line | 2005

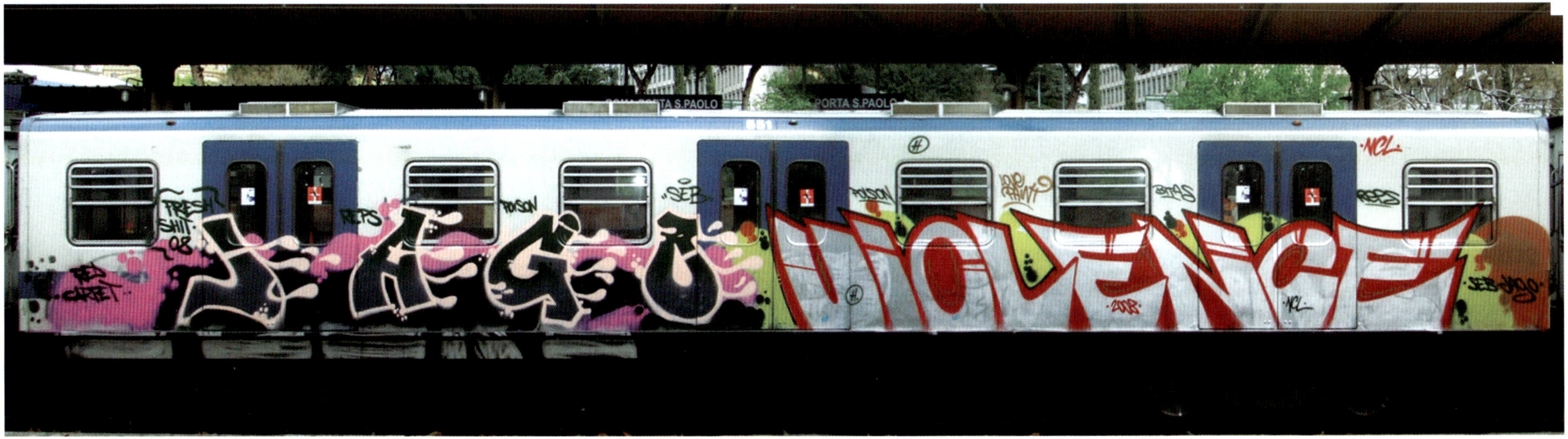

Jago, "Violence" by **Poison** | Lido line | 2008

Secse, Poison | Lido line | 2005

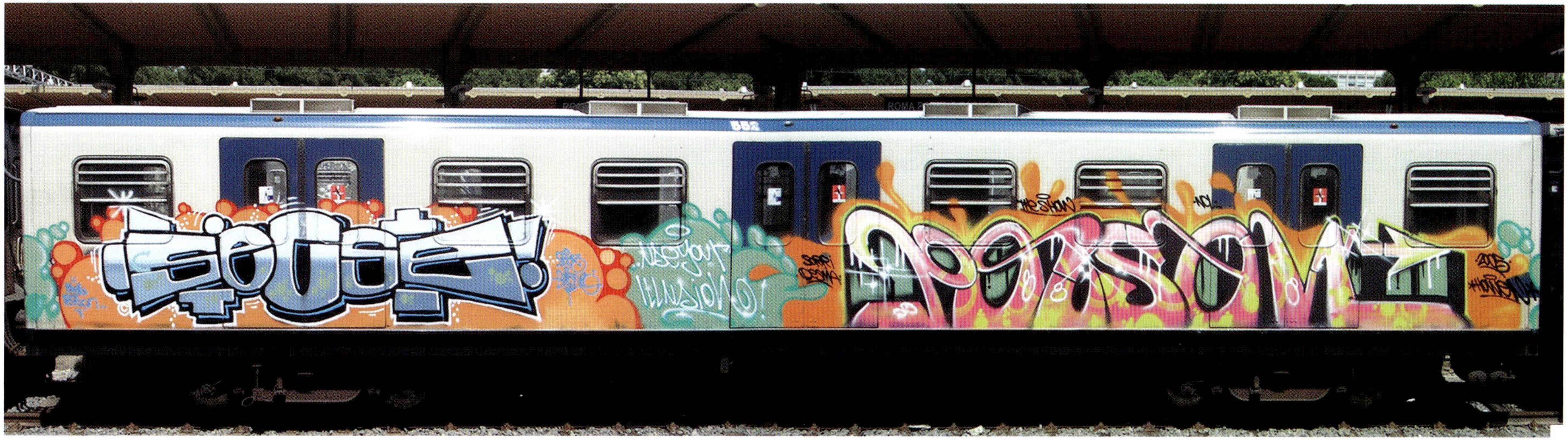

Kosimo, Poison | Lido line | 2007

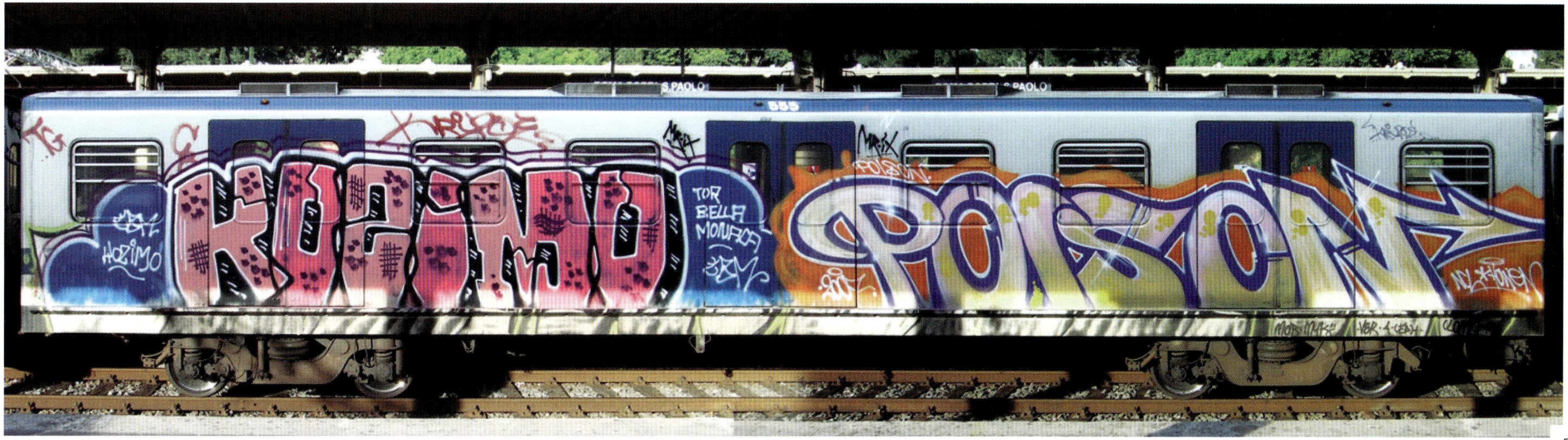

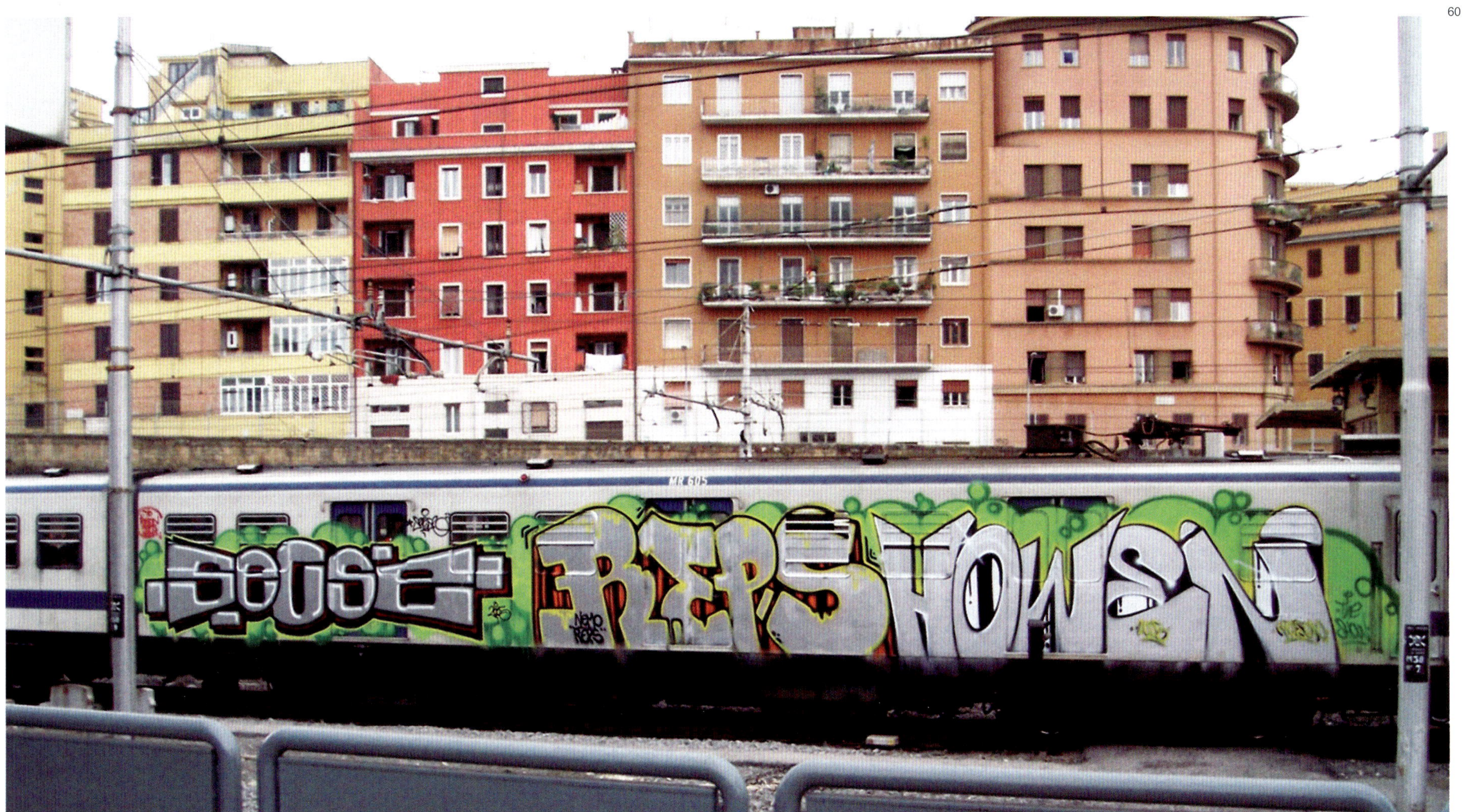

Secse, Reps & Poison | Lido line | 2005

Reps, Poison & Gees in action | A line | 2005

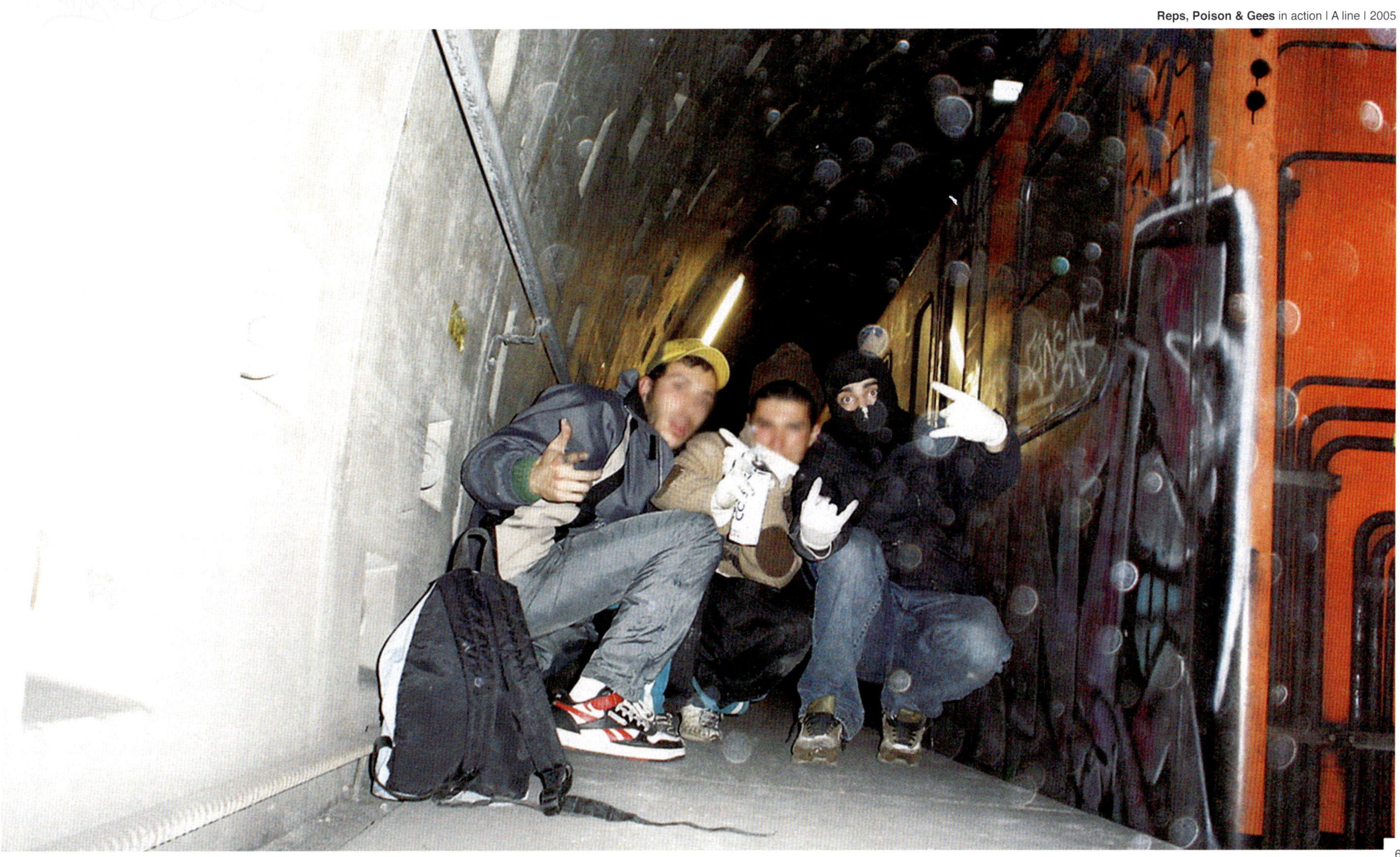

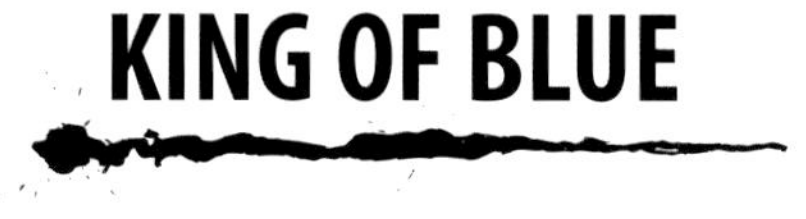

Come definisci il tuo stile e il tuo lettering?

Lo stile che ho… è da unire non solo con il tempo a disposizione che ho per dipingere. Ci sono tanti fattori. Il fatto che la scritta sia leggibile proviene da Roma, la città mi ha influenzato. Magari prima su muro facevo roba anche un po' più complicata, che però non sarebbe leggibile sul treno in movimento. Si vedrebbero solo i colori.

Se invece ti passa davanti un lettering più semplice riesci a leggere anche il nome, perciò con il tempo mi sono semplificato. Una cosa che mi ha spinto molto verso questo stile è che montavo sulle Montana il soft newyorkese, che produce un tratto abbastanza grosso. Io però lo riducevo con la velocità del movimento e ci facevo l'outline.

…Il getto di vernice con la semplicità delle curve… È uscito fuori questo stile.

Attualmente come dipingi? E quanto tempo impieghi?

Dipende dalla situazione. Mediamente venti minuti. Ma ti posso fare un pezzo in dieci minuti come è anche possibile che dopo quaranta minuti sto ancora tracciando l'outline, perché sto lì a pensare e ripensare…

Che cap usi? E che spray?

Riempio con fat oro. Adesso per l'outline non monto più il soft newyorkese perché non sto più utilizzando le Montana. Dalle jam ho rimediato diverse Belton, ne ho un garage pieno; su queste per l'outline, al newyorkese preferisco il fat rosa perché spruzza più vernice.

Se invece adopero le Clash allora uso il newyorkese, il nero soprattutto, è uno spettacolo. Ti dico che questo è quello che avrei in testa, perché magari stai dipingendo, ti devi sbrigare ed è probabile che monti il primo tappo che ti capita. La maggior parte dei pezzi è fatta tutta a soft newyorkese. Uso Kobra, Doc, Fly, Happy Color. Tutto è buono non si butta via niente, basta che costa poco.

Vai in freestyle o prepari delle bozze?

Il novanta percento delle volte non ho bozza. Magari poi esce fuori un pezzo brutto, oppure un pezzo che più lo guardo, e più mi piace. Per esempio, per *"Blue Water"* ci siamo organizzati i colori e lo sfondo a tema "acqua" – le gocce le avevo già fatte per un lavoro – ma il pezzo è improvvisato.

Per il pezzo *"Air In B"* invece c'era una bozza. La P mi piaceva, ma la N l'avevo sbagliata: sembrava "a zampa di gallina". Ma poi l'ho riproposta anche in un altro pezzo chiamandolo *"Er Gallina"*.

Guarda, io non sono uno studioso. Le cose che vedi hanno avuto un'evoluzione, ma un'evoluzione che in qualche modo è spontanea. È nata e si è evoluta così, influenzata da tanti fattori, dalla gente, dalla città, dal mio pensiero, dal fatto che dipingo in metro, cose che mi hanno portato a dipingere in un certo modo.

Non ti faccio discorsi stilistici, è una cosa naturale.

Come ti dicevo, il novanta percento dei pezzi non ha una bozza. Tu arrivi davanti al treno e tiri giù qualcosa. Un motivo per cui lo tiri giù c'è, però non è che mi ci sono messo a pensare. È frutto di un'evoluzione inconscia, un'elaborazione del cervello improvvisata. È così.

Ti piace taggare in giro e concepire anche throw up, roba più immediata?

È raro che faccia tag in giro perché ho un idea che potrebbe andare in contrasto con le apparenze… A me sinceramente andare ad imbrattare i muri altrui piace molto poco. Se un muro è già sporco una tag ce la metto pure, ma sul muro pulito no.

Fare i treni e la metropolitana non è una cosa che ti intacca personalmente, invece la serranda di un negozio…questo è un cristiano che lavora, ma perché gli devi andare a imbrattare così la serranda! L'avrò fatta qualche tag su qualche negozio, ma poche, forse dieci anni fa. Si, è writing quanto ti pare, ma io eviterei. Cerco di fare quello che mi piace facendo in modo di non infastidire troppo il prossimo. Per esempio, sui vagoni non mi piace lasciare i finestrini puliti, però in questa maniera la gente non rosica.Un whole car con i vetri puliti è girato per tre anni. Certo, c'è pure chi non approva questa roba, ma rimane sempre il fatto che non intacco te come singolo. Io eviterei di fomentare… anche perché in metro hanno sempre il mio nome sulla bocca. Se beccano qualcuno, spesso gli chiedono "chi è sto **Poison**? Sei te, non sei te? Dove sta?". Quindi tenderei a passare inosservato.

Cosa pensi della linea A della metro?

E' sempre stata un po' la mia ruota di scorta, però l'ho dipinta e l'ho dipinta parecchio. In A ci andavo per passare una serata con gli amici, da solo non ci sono mai andato se non un paio di volte. Nella A il primo pezzo è del '99, con **Desma**. Ho iniziato a farmela un po' di più nel 2003 ma solo quando non potevo andare in B e volevo comunque dipingere.

How do you define your style and your lettering?

The style I have...should be tied to the time I have available to paint. There are many factors. The reason that the writing is legible comes from Rome, the city was a huge influence on me. Most likely before on walls I would do more complicated stuff, that however wouldn't be legible on a moving train. You would only see the colours. Instead if a much simpler lettering passes in front of you, then it would be easier to read the name, which is why with time I started simplifying my writing.
Another thing that pushed me towards this style was that I mounted onto Montanas, the New York soft, that produces quite a large trace.
I would however reduce it with the speed of movement and I would make an outline.

How do you paint these days? And how much time does it take you?

It depends on the situation. Usually about twenty minutes. But I could do a piece in about 10 minutes, just like it's possible that after forty minutes I'm still drawing the outline, because I'm like there thinking and thinking...

What kind of cap do you use? And what kind of spray?

I fill it with gold fat. Now for the outline I no longer mount New York soft because I no longer use the Montana. From the jams I managed to get various Belton, I have a garage full; on these for the outline, new york style I prefer pink fat because it sprays more paint. If I use the Clash instead, then I use the new Yorker, above all black, it's quite a show stopper. I'm telling you that this is pretty much what I have in mind, because like if you're painting, you have to hurry up and it's likely that you mount the first cap you get you're hands on. The majority of the parts are all done in New York soft. I use Kobra, Doc, Fly, Happy Color. Everything is good, you don't throw anything away, the important thing is that it's cheap.

Do you go in freestyle or do you prepare drafts?

90% of the time I don't have drafts. Sometimes a bad piece comes out, or even a piece that the more I look at it, the more I like it. For example, for *"Blue Water"* we got organized with the colours and the background with a "water" theme – I already had the drops from a piece I had already done – but the piece was improvised. Instead, for the piece *"Air In B"* I used a draft. I liked the P, but I had made a mistake with the N: it looked like a "Chicken's paw". But then I used it again in another piece called *"Er Gallina"*.
Look, I'm not an intellectual. The things that you see went through an evolutionary process, but an evolution that was spontaneous. It was born and it evolved just like that, influenced by many factors, by people, by the city, by my thoughts, by the fact that I paint in the metro, things that brought me to paint in a certain way. I'm not talking to you in a stylish way, it's just a natural thing.
Like I was telling you, 90% of the time I don't have a draft. You get in front of train and you jot something down. There's always a reason why you jot down, but it's not like I started thinking about it. It's the fruit of a subconscious evolution, an improvised brain storm. It's just like that.

Do you like tagging around and realizing throw up, stuff that's more immediate and spontaneous?

It's rare that I tag around because I have an idea that could go into contrast with appearances...Seriously I don't really like going around and throwing stuff up on walls. If a wall is already dirty, I'll even put up a tag, but not on a clean one.
Doing trains and subways is something that just sticks to you, instead the shutters of a shop...well....that's someone who friggin' works, but why the hell should someone paint up his shutters! I did a few tags on some stores, but very few and like at least 10 years ago. Yup, it's writing of course, but I personally avoid it. I always try to do stuff I like trying my best to not bother the next guy. For example, I hate leaving the windows on the train cars clean, but at least this way people don't get annoyed. A whole car with the windows cleaned was around for three years. O.k., there are people who don't approve of this stuff, but the fact remains that I don't attack you as person. I would personally avoid to ferment.... because on the metro my name's on everyone's mouth. If you catch someone, you often hear. "whose this Poison? That's you, it isn't you? Where is he?" This way at least I can get around unnoticed.

And what about the A line of the subway?

It has always been my spare wheel, so to speak, even though I've painted there and quite a bit. On the A line, I'd go to hang out with friends, I think I've been there alone only a few times. I did my first piece with **Desma** there in 1999. Then I started painting there a little more regularly in 2003 but only when I couldn't paint on the B line, and I felt the need to paint anyway.

How would you describe the A line subway, in retrospect of your history tied to Trota?

For awhile the A line was pretty cool.
There was **Trota** who would paint really incredible pieces...really he did a lot of amazing work. I would go take some really cool pictures if I had the chance and there wasn't any walls behind, that hampered the full frontal image and for the whole car which made you take pictures awkwardly.
I never really painted with **Trota**, except for the last period.
The first time we went to paint together in a station was in 1999, at Re di Roma, underground.
Then from there we'd hook up a lot, but we would paint a metro together only a few times a year.

Come descriveresti la A, anche rispetto alla sua storia legata a Trota?

Per un periodo nella A girava roba fica.

C'era **Trota** che dipingeva a bestia... Mazza, ha fatto davvero un botto di roba fica. Andavo a fare pure delle belle foto se c'era la possibilità e non c'era il muro dietro, che non ti permetteva di inquadrare frontalmente e per intero il vagone e ti costringeva a fare foto di sbieco.

Con **Trota** non ci ho mai dipinto molto insieme, tranne che in questi ultimi tempi. La prima volta che siamo andati a dipingere insieme in stazione è stato nel '99, a Re di Roma, sotto la stazione. Poi di lì ci siamo beccati regolarmente, però una metro insieme capitava un paio di volte l'anno.

Ormai la linea B è tua. Te ne rendi conto di questo o no?

Dico le cose come stanno.

Ormai è la linea mia è faccio come mi pare?!

C'è tutto un altro discorso qua dietro… Una questione di punti di vista.

Ma quanti pannelli hai fatto finora?
Una cifra approssimativa…

Più o meno intorno ai settecento. Questa è una cifra approssimativa, tra A, B e Lido.

Adesso chi è secondo te che dipinge, più o meno, con la tua stessa attività?

Ti premetto che con l'avanzare degli anni anch'io mi sono un po'arenato.

Prima se passava una settimana in cui non avevo dipinto in metro, mi sentivo male. Adesso, tra il lavoro e altri impegni, possono passare interi mesi senza dipingere. Una cosa che mi dispiace e che i ritmi sono calati un po' in generale, ora manca la gente con un certo approccio mentale!

Se c'è stato un periodo, dal 1992 al 2000 in cui sono usciti fuori writer in fissa per la metro, adesso c'è il ragazzetto che va in stazione e dice, figo, me la voglio fare! Si fa un pezzo e se gli va bene torna, altrimenti scappa e non ci va più. O ci ritorna due mesi dopo. Invece io, in gioventù, il giorno dopo stavo a farmi di nuovo la nottata!

Reps dipinge con la mia stessa attività. Diciamo anche **Jon** e **Ver**, ma vanno un po' a periodi.

È palese che alcuni pezzi vengono crossati mentre tu godi di un certo rispetto. Immagino ci siano delle dinamiche di appropriazione degli spazi ben precise…

Qua stiamo a Roma, non è come dire che stiamo nel resto d' Europa, dove se io ho dieci anni e l'altro venticinque io lo rispetto a priori. No, qua non funziona solo così, il rispetto prima te lo devi guadagnare e poi ti viene dato.

Così funziona.

Come te lo guadagni?

Vai e te lo prendi!

Quello lo mandi all'ospedale, quello lo butti giù dalla finestra.

Per forza così devi fare!

Se non ti fai rispettare la gente ti va sopra!

I coatti fanno la parte dei coatti con chi dà loro la possibilità di farlo.

Non conta solo da quanto tempo dipingi, o se fai le cose perché ci credi. Scordati che stiamo in Germania! La gente te lo dà il giusto peso ma tu la devi invogliare a dartelo. Per quanto mi riguarda, ormai non mi crossano più, tutto sommato, mi vogliono bene.

Quanto agli spazi, per me è come se esistesse una sorta di gerarchia. Ovvio che se c'è il pezzo del Polacco, che si è fatto nottate intere nascosto in frattina, e il pezzo di un ragazzetto che ha dipinto una volta per fare la foto e poi non gliene è fregato più niente, io crosso il pezzo del ragazzetto, non è che me ne vado a casa.

Che differenza trovi nel dipingere la metro rispetto alle FS?

Io di FS me ne sono fatte poche. L'FS è una cosa più tra amici, in relax. Ci andiamo a fare il treno tranquilli e chiacchieriamo. Ti puoi organizzare a fare il treno nove, dieci persone, e passi la serata con gli amici, stacchi un attimino e condividi la tua passione con gente diversa. In metro ci sono andato centinaia di volte da solo, ma sulle FS da solo poche volte, e l'ultima volta me ne sono pentito amaramente.

Ero uscito da lavoro verso le dieci e mezzo, stavo ad Ostiense, c'era il treno parcheggiato. Dovevo tornare a casa ma mi sono detto "mi faccio un treno, stanno anche girando dipinti!" (Porca miseria, guarda caso non sono riuscito a fare la foto il giorno dopo perchè l'unico treno ripulito è stato il mio!). Girano pezzi da mesi, anche whole car, e il mio me l'hanno dovuto pulire!

Mi ero fatto pure un pezzo colorato, di solito mi faccio gli argenti per risparmiare colori, perché è tutto finalizzato ad usarli per la metro: vai alle jam, lavori sulle serrande, racimoli spray per poterli riutilizzare.

Vado sull'FS, e che faccio, il colorato? No, guarda, ho l'argento…

È un certo tipo di malattia…o di amore. A una certo punto ce l'hai…

Cosa pensi delle nuove carrozze della metro romana?

Le carrozze nuove non le guardo nemmeno…c'è stato un caso in cui ho fatto un end to end sulle metro nuove, ma mi lasciano proprio indifferente.

Preferisco sempre la B, di quei vagoni mi piacciono i colori, mi piacciono le stazioni, mi piace tutto… e poi ci sono affezionato, tanto che mi piacerebbe avere una carrozza a casa! Quando vedo girare la Blu ripulita, anche se mi dispiace, la guardo…che bella!

Ne avessi la possibilità, dipingerei solo quei treni, all'infinito blu, argento, blu, argento…e sarei contento così.

By now the B line is yours. Do you or don't you realize this?
I say things the way they are. Now the line is mine and I can do whatever I want hole other point of view behind that?! It's a question of what point of view so to speak.

Hey, how many panels have you done up to now? An approximate amount...
I would say around 700. This is an approximate amount between Line A, B and Lido.

Who do you think now paints, more or less, with the same fervour as yourself?
Let me tell you something, that with the passing of years I slowed down a lot as well. Before if I would go a week without painting in the subway, I would feel sick to my stomach. Now, between work and other shit, I could go months without painting. One thing I'm sad about is that the rhythm has dropped in general, because now there aren't enough people with the same frame of mind as there used to be!
There was a period between 1992 to 2000 in which there were many writers fixated on the subways, now you'll see some guy who'll go to the station and think, cool, I wanna do it! He'll do a piece and if it'll go well he'll go back, otherwise he'll take off and never go back. Instead when I was a kid, the next day I'd be spending the night out! **Reps** paints with my same fervour. Let's say **Jon** and **Ver**, but they go by period.

It's pretty obvious that some pieces get crossed out while you seem to enjoy some respect. I'd imagine that there is some code with regards to the appropriation of space that's pretty precise....
Let's just say here, we're in Rome, it's not like being in the rest of Europe, where if you're 10 you've gotta respect the guy whose 25. No, here it doesn't work like that, first you've gotta earn respect before it's given to you.
That's the way it works. How do you earn it? You go and take it. You send someone in the hospital, you push someone out the window. That's the only way to do it!
If you don't make people respect you, well they'll walk all over you! The waps act like waps if you give them the opportunity. It doesn't count how long you've been painting, or because you believe in it. Forget it we're not in Germany here! People will treat you in a certain way, but you gotta push to get that kind of treatment. With regards to myself I can say I no longer get crossed out, so on a whole, I've gained my respect.
With regards to space, I guess for me it's like there's a sort of hierarchy. It's obvious that if there is a piece done by Polacco, that he spent long nights hidden in the yards, and the piece of an unknown who just does it to take a picture and doesn't really care, then you cross out the second.

What differences have you found between painting the Metro line and the regular FS train line?
I haven't really done many FS. The FS are something you do to relax with friends. We go do the train and hang out chatting away. You could get organized and do the train in nine or even ten people, you share your passion with others, I've only been alone on the FS a few times, and the last time I regretted it bitterly.
I got out of work around 10,30, I was in Ostiense, and there was a train parked. I had to get home, but I thought "what the hell I'll do a train, there driving around all painted!" There are pieces that have been going around for months, even a whole car, and then mine got cleaned up!
I had even done a piece in colour, usually I do them in silver to save the colours, since it's all calculated to use them on the subway: you go to the jam, work on the shutters, pick up spray to be able to reuse it. I get to the FS, and then what...do colour? Nah...I'll use silver....it's sort of like a disease....or love. At one point you've got it...

What do think about the new train cars on the Roman metro line?
I don't even look at the new train cars...there was a moment in which I did an
end to end on the new ones, but they leave me indifferent. I always prefer the B line, I love the colours on those cars, I like the stations...I like everything about them....and then I'm sort of attached, to the point that I'd love having one of them at home! When I see the Blue cleaned up, I'm sort of sad, and I look at them and think...cool!
If I had the chance I'd only paint those trains, always in blue, silver, blue, silver... and I'd be happy.

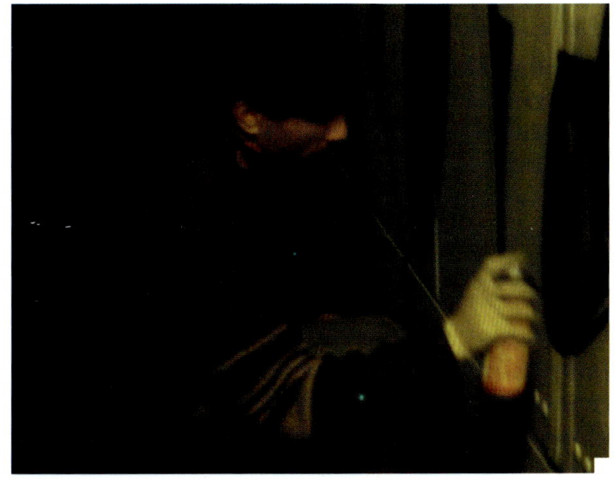

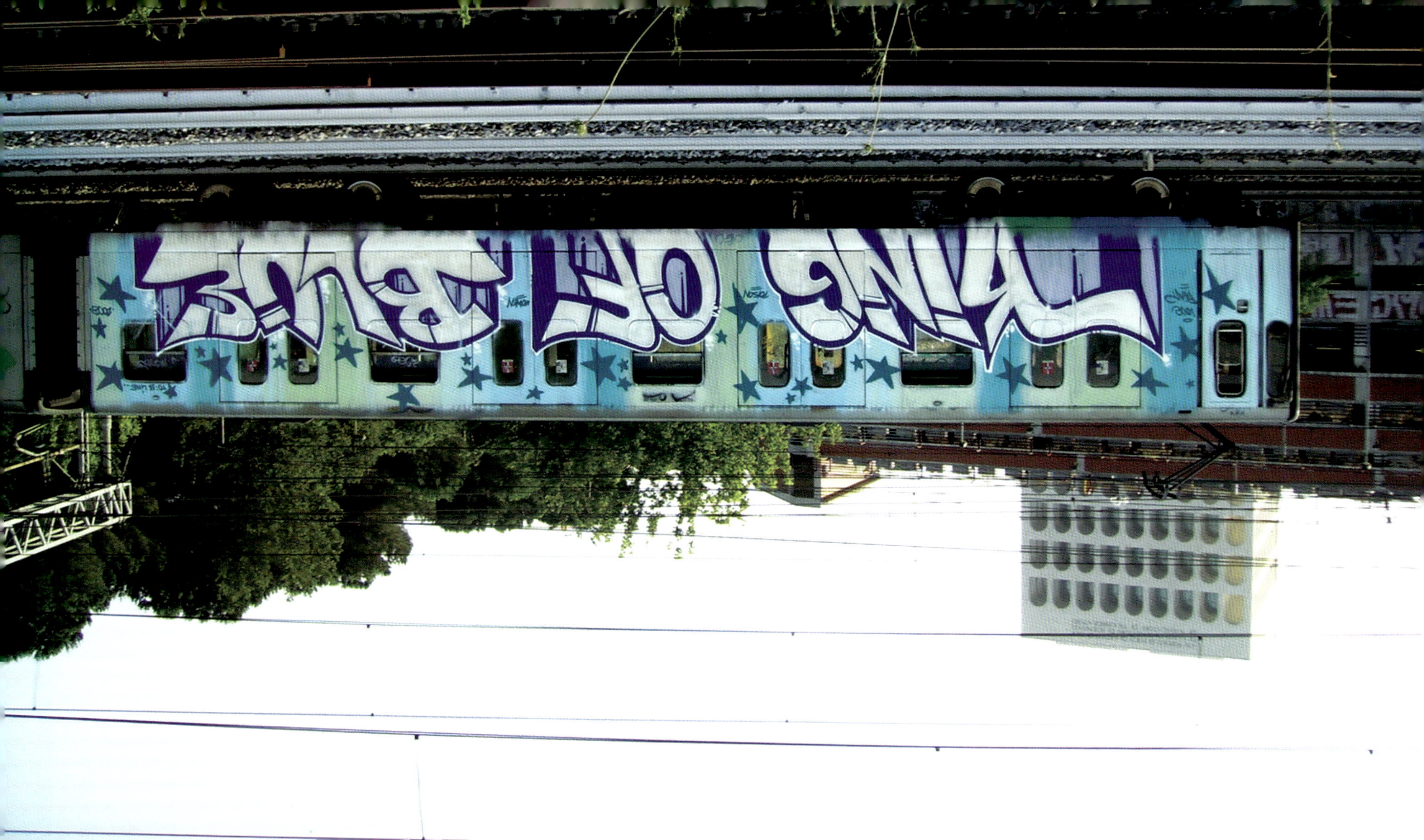

Poison | B line | 1999

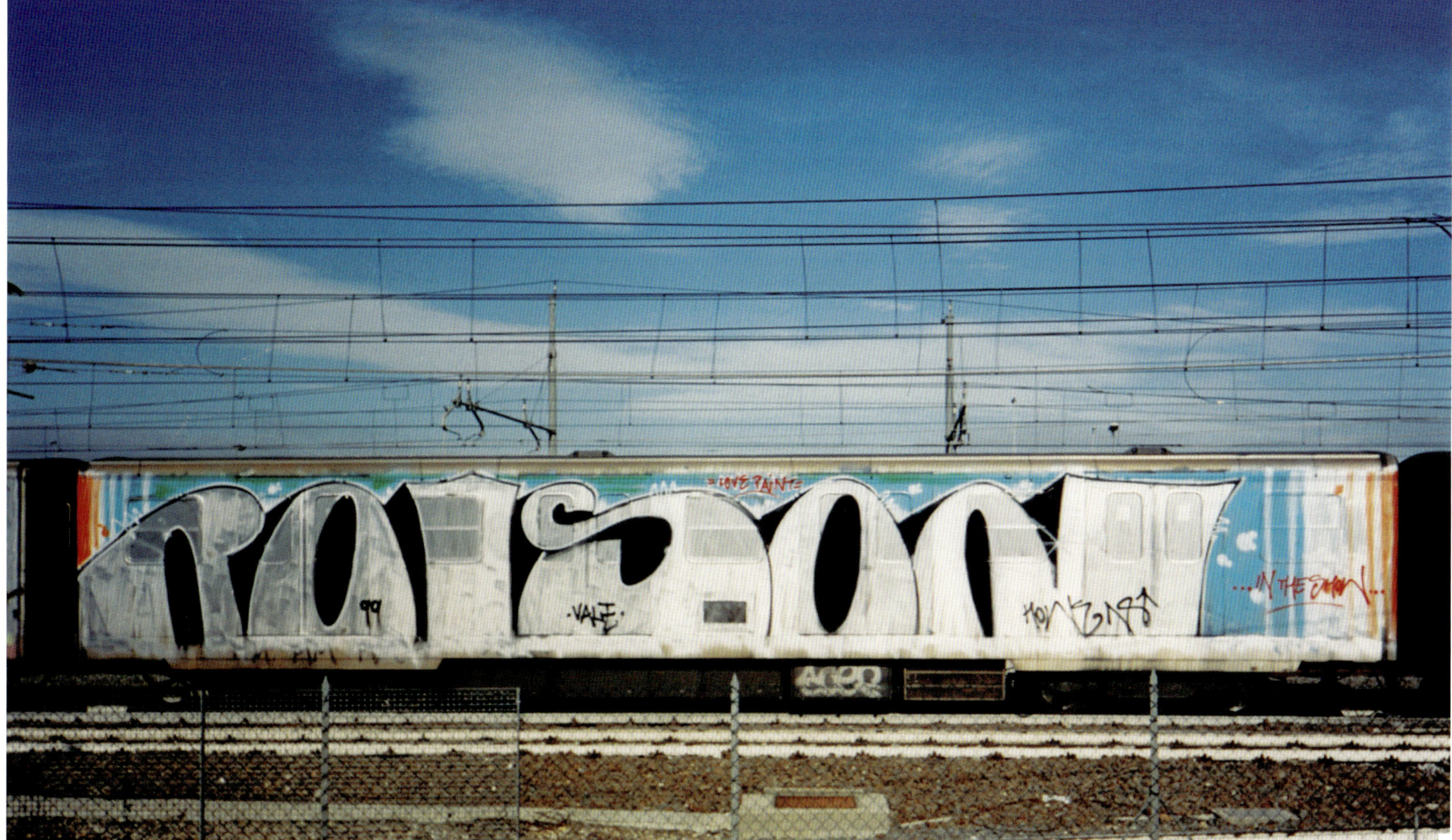

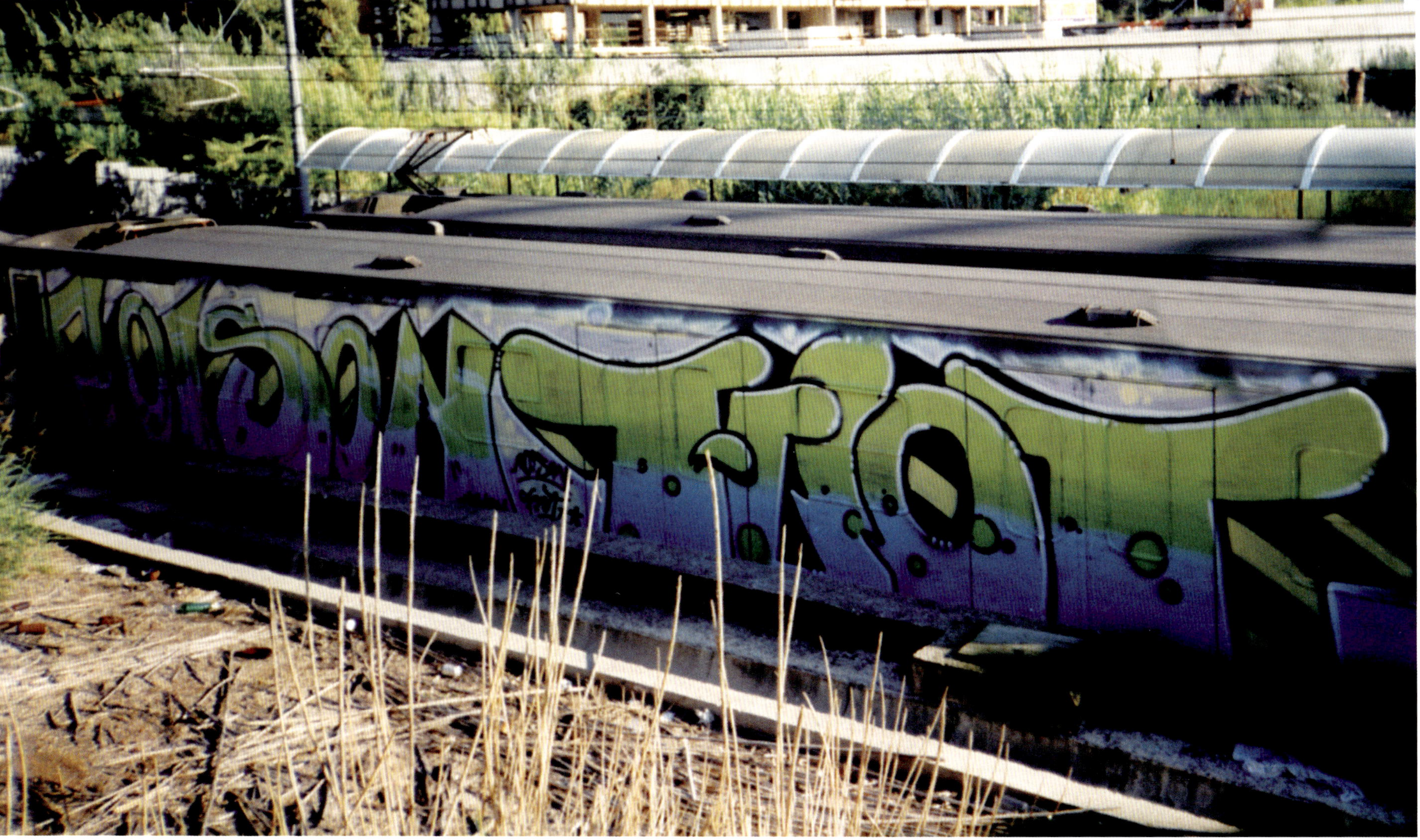

Poison, "Foot" by **Reps** | B line | 2000

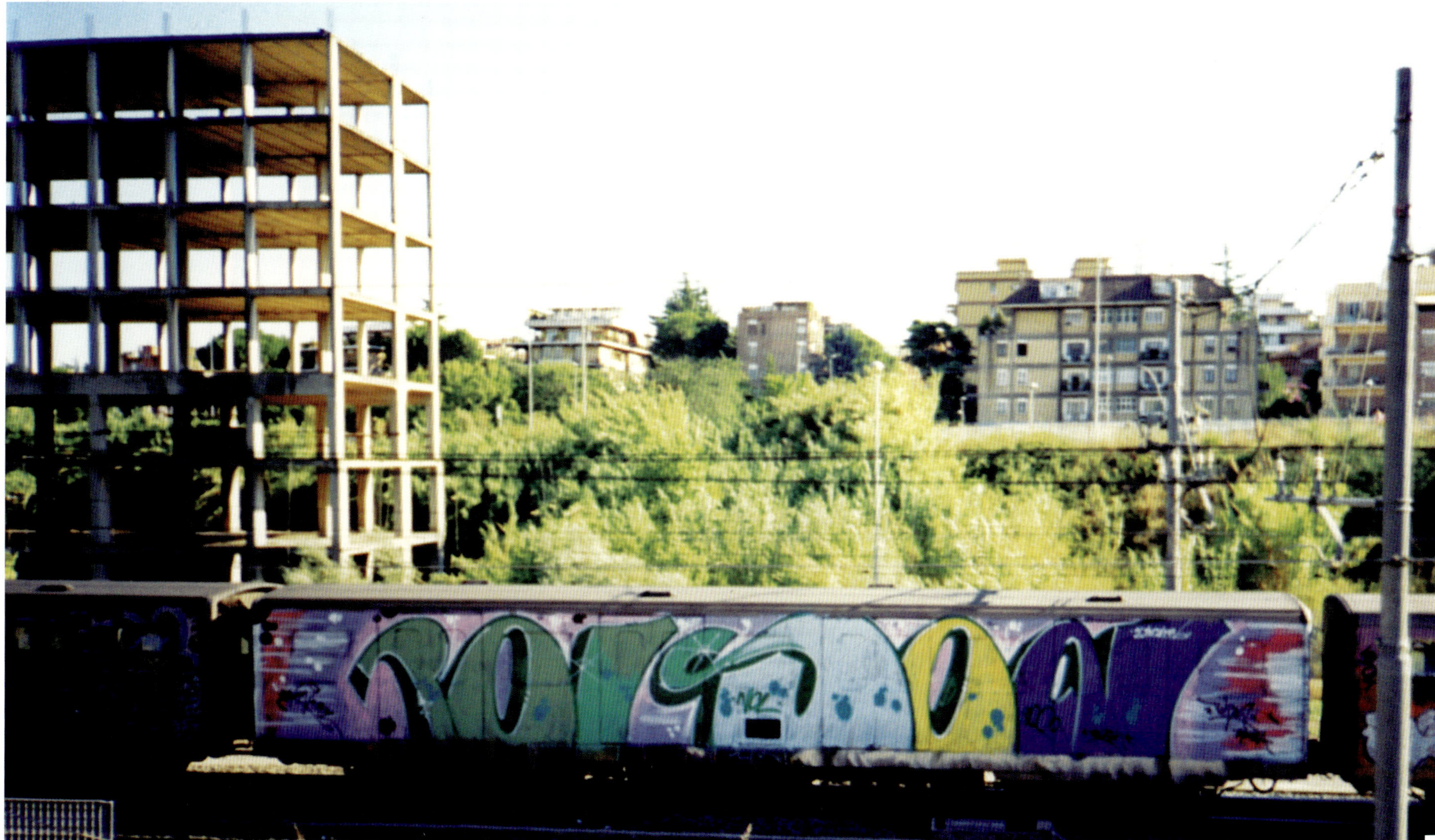

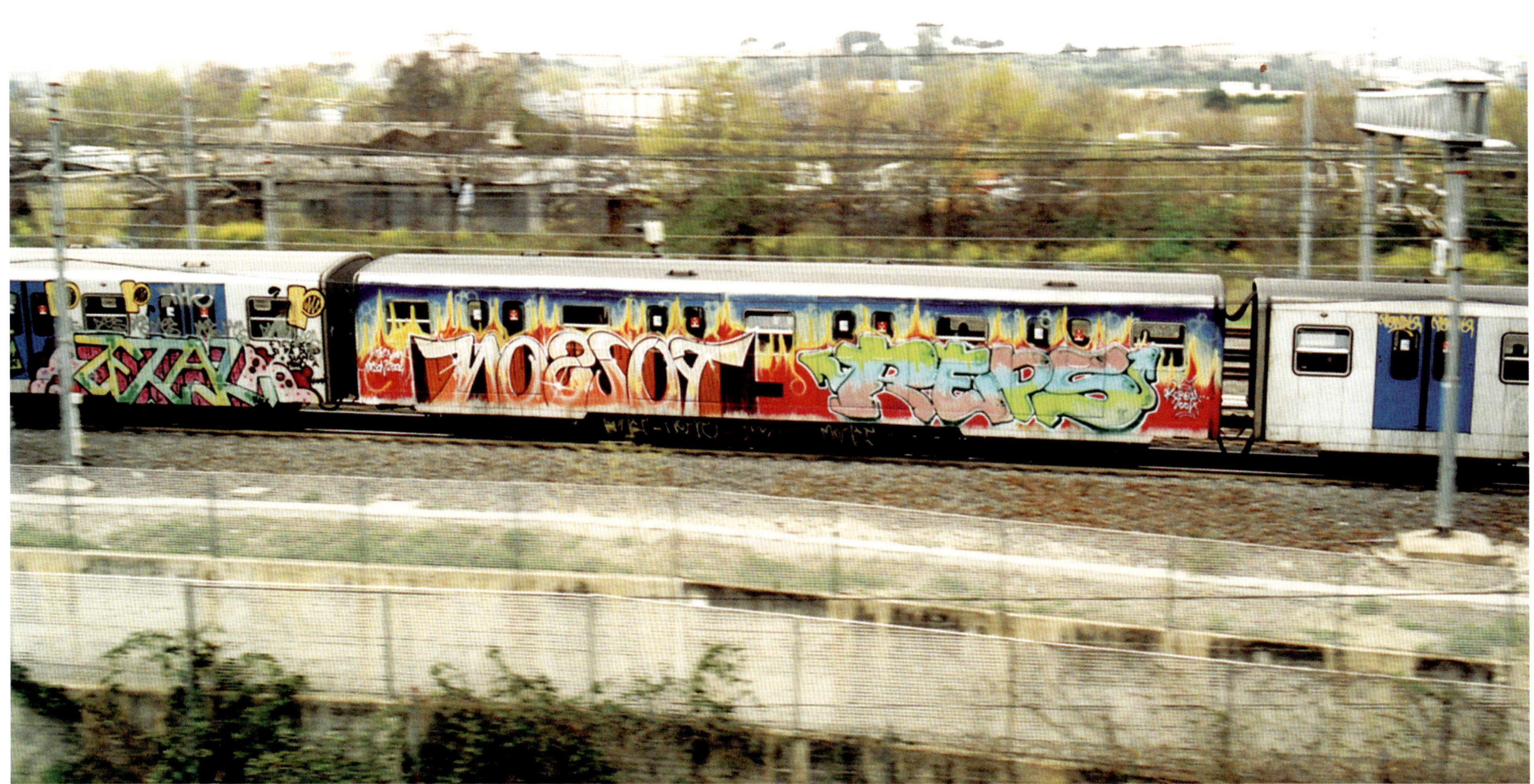

"Reps is the person I painted with the most, you could say a brother in the strictest sense of the term, having my same frame of mind."

"Fiamme" by **Poison & Reps** I B line I 2004

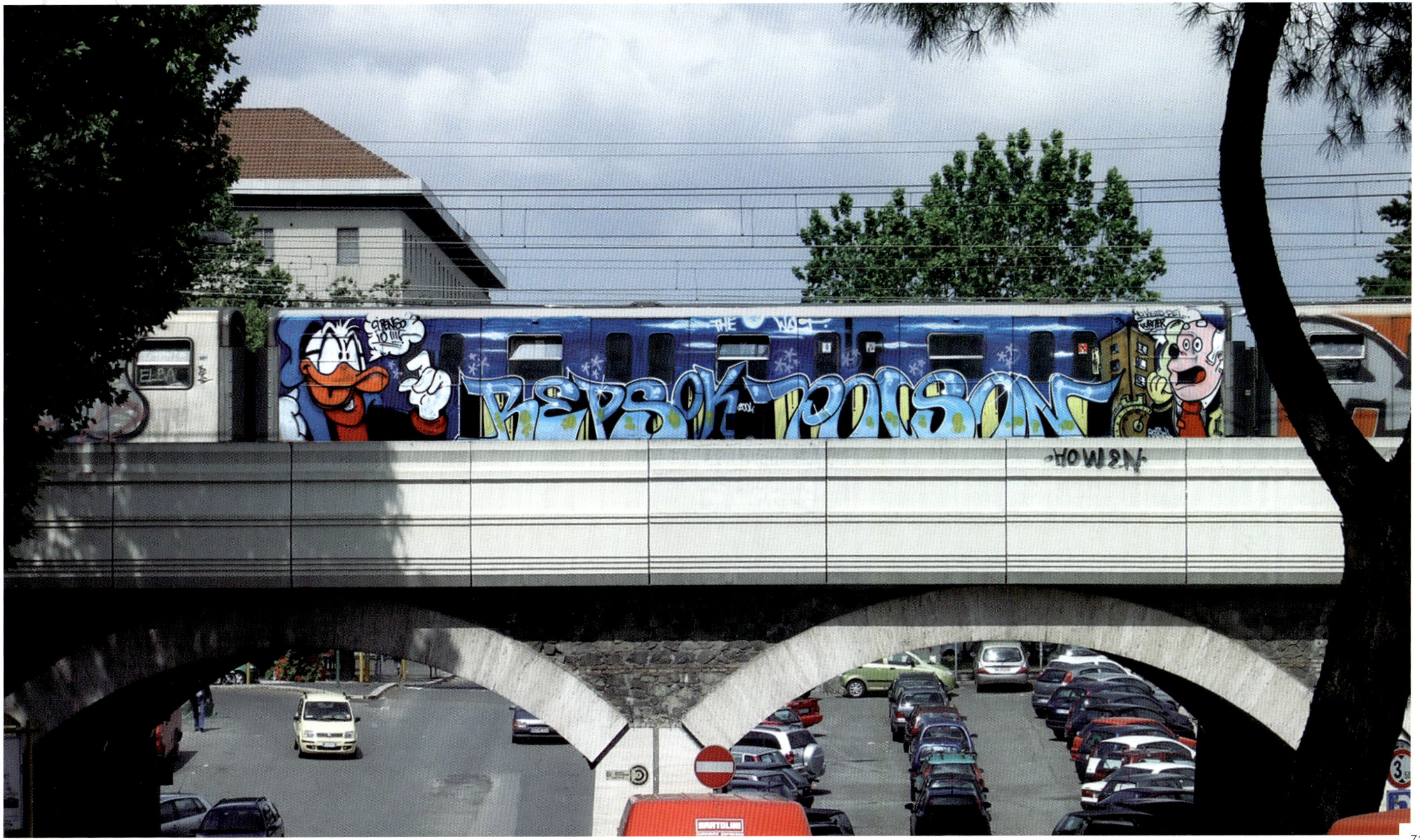

"The Walt" by **Poison & Reps** | B line | 2004

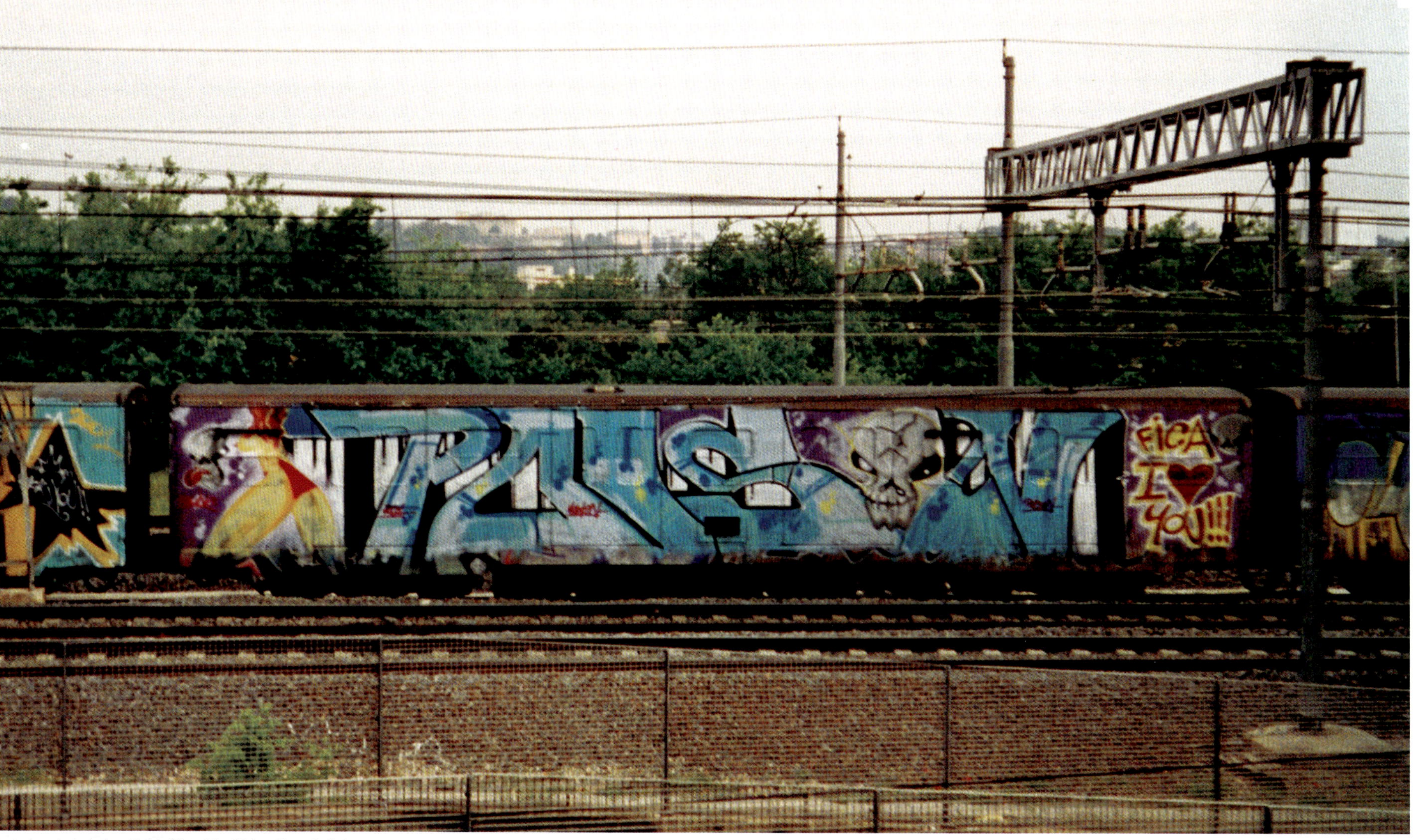

Part of a whole-train with Mr. The, Min, Moke, Reps & Seb

Poison | B line | 2001

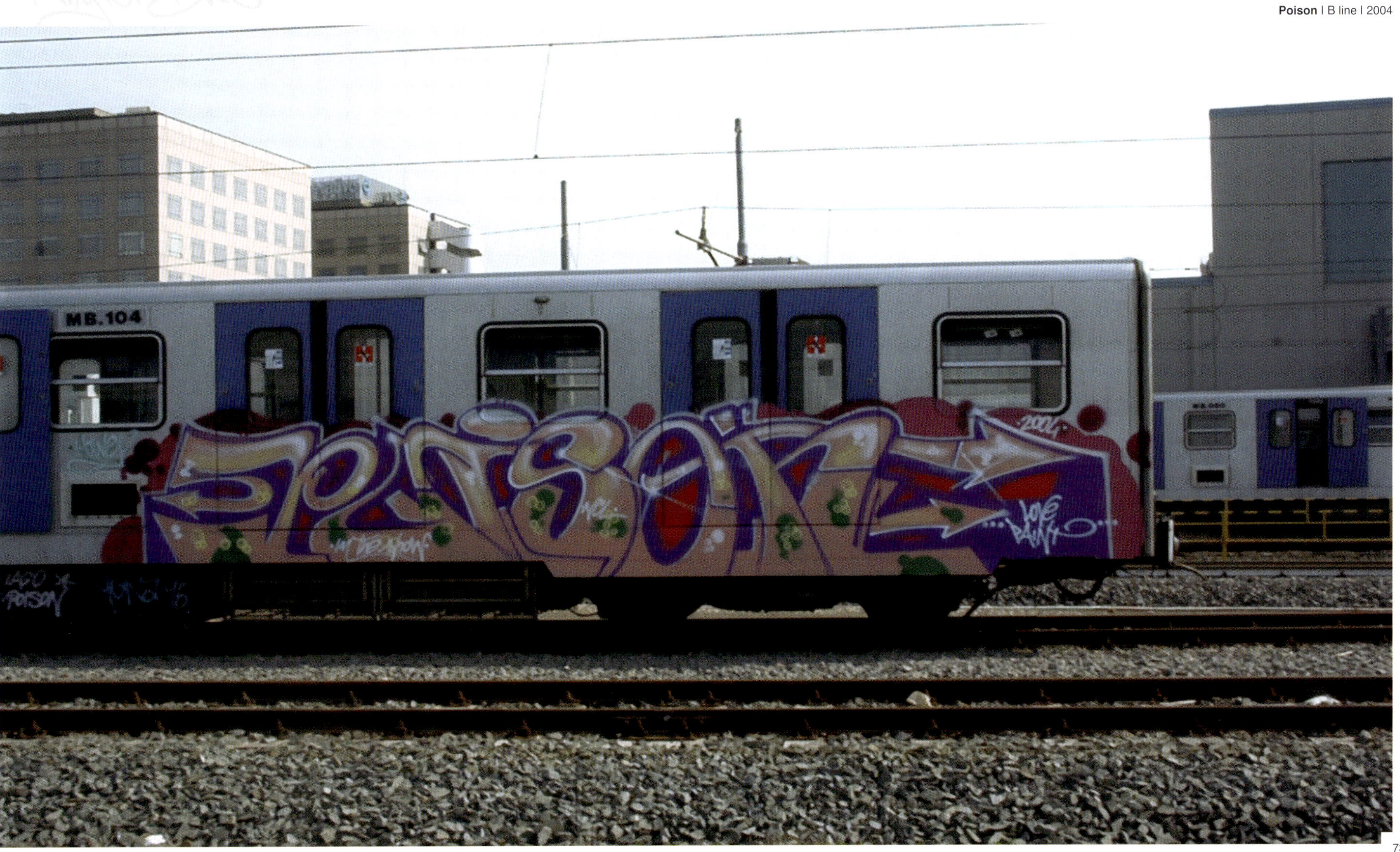
MB.104

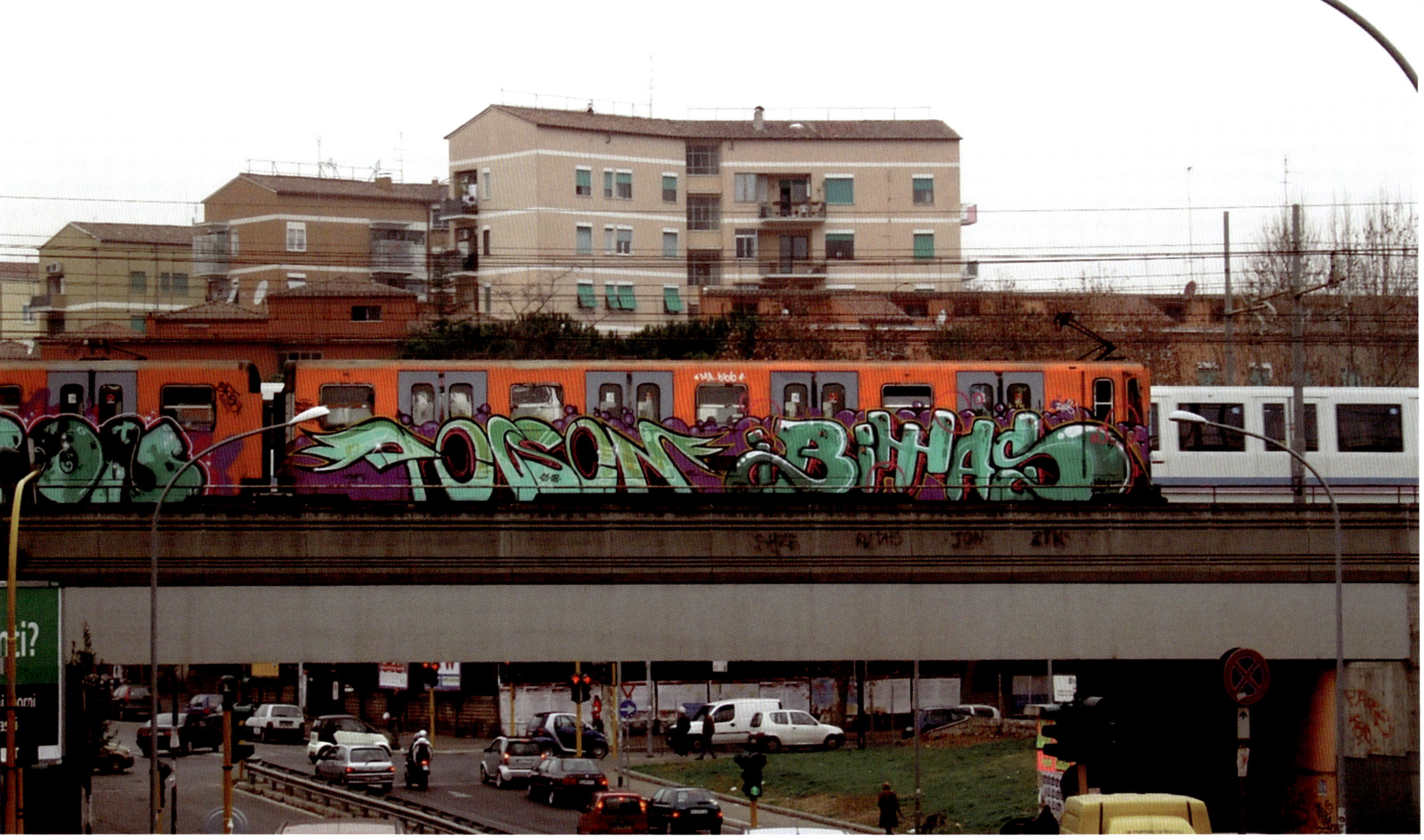

Strictly from hell, Devil present's "MA 666"...

Poison, Bitas | B line | 2008

It's a married couple whole-car without windows:
the background reproduces the past colours of the old train cars on the A line subway,

Poison, Bitas | B line | 2008

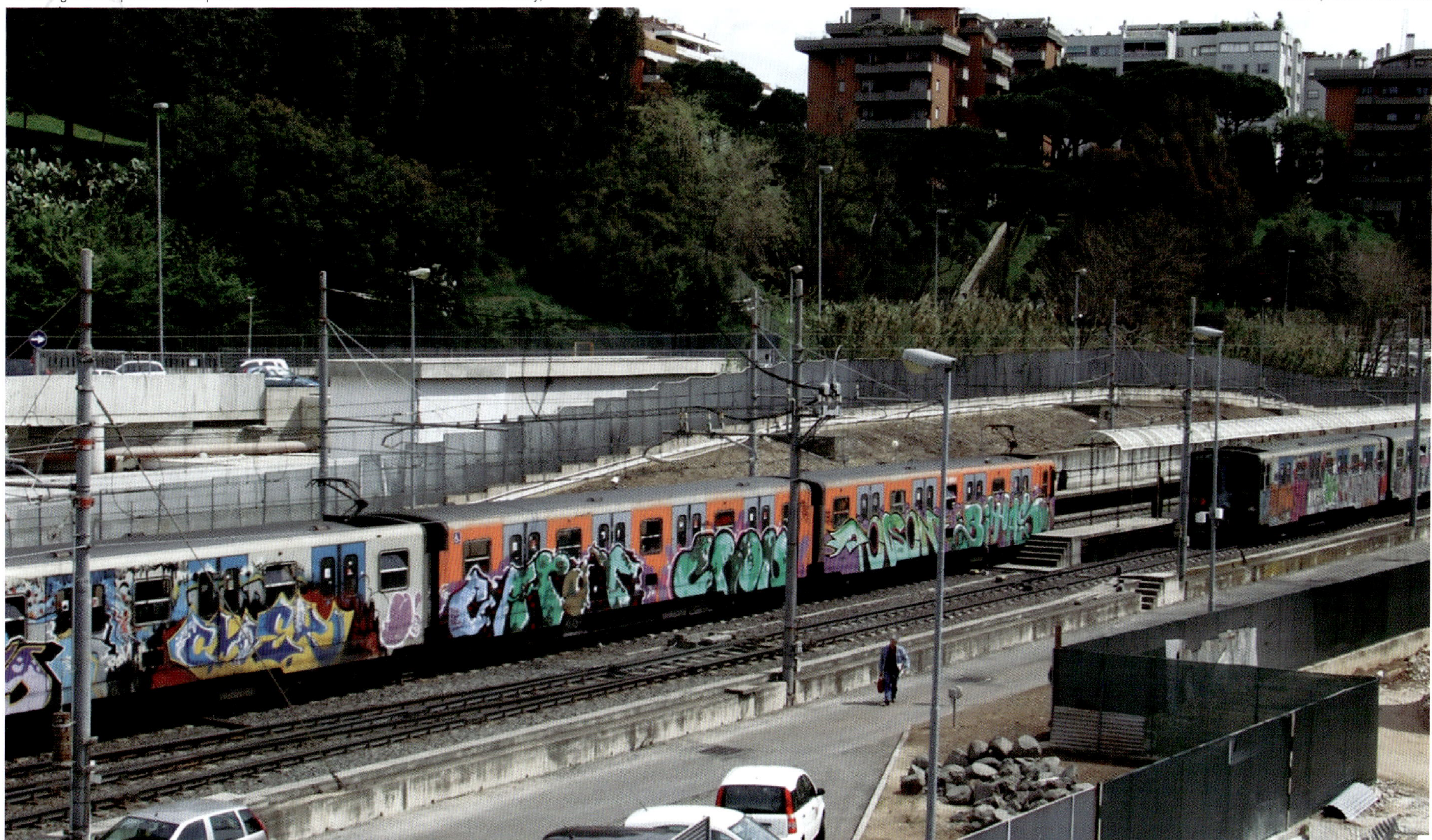

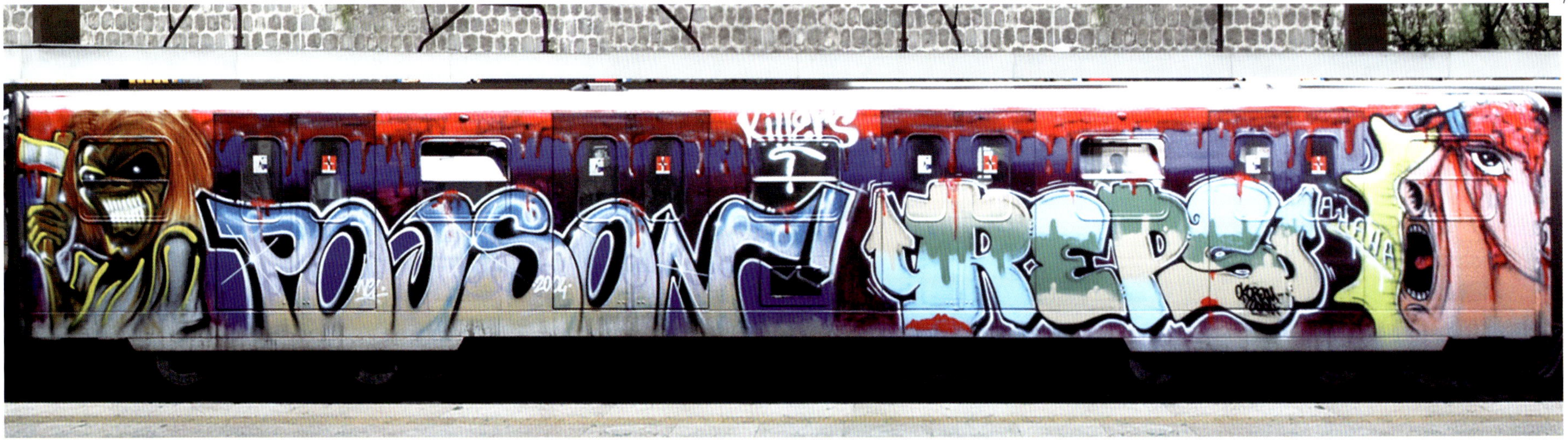

"Killers" by **Poison & Bitas** | B line | 2004

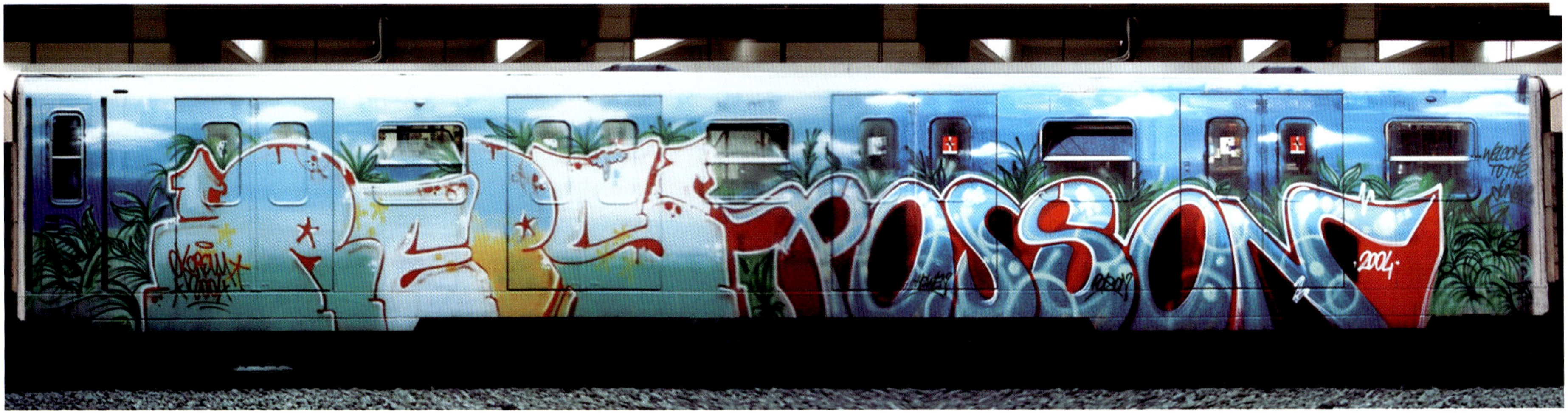

"Welcome to the Jungle" by **Poison & Reps** | B line | 2004

"Starz of Rome" by **Poison & Mr. The** | B line | 2009

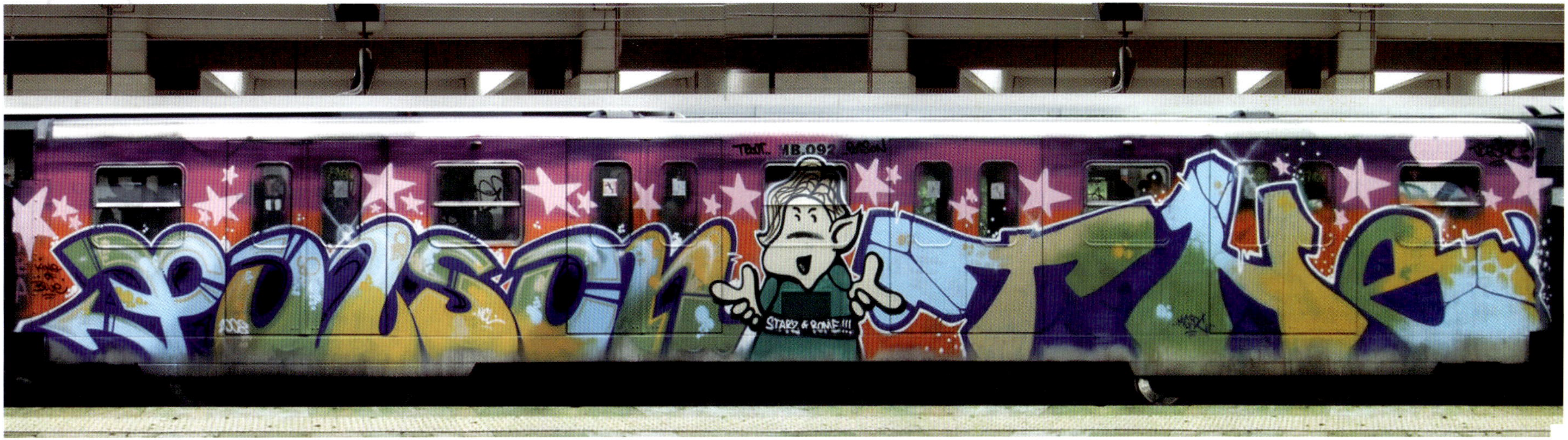

"Blue Water" by **Mr. The & Poison** | B line | 2008

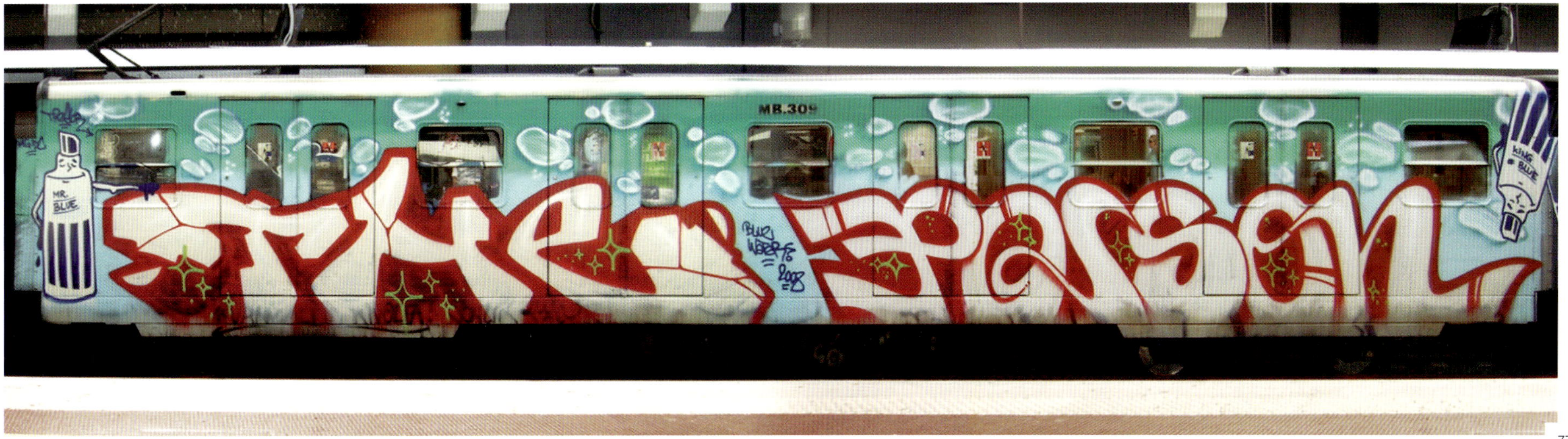

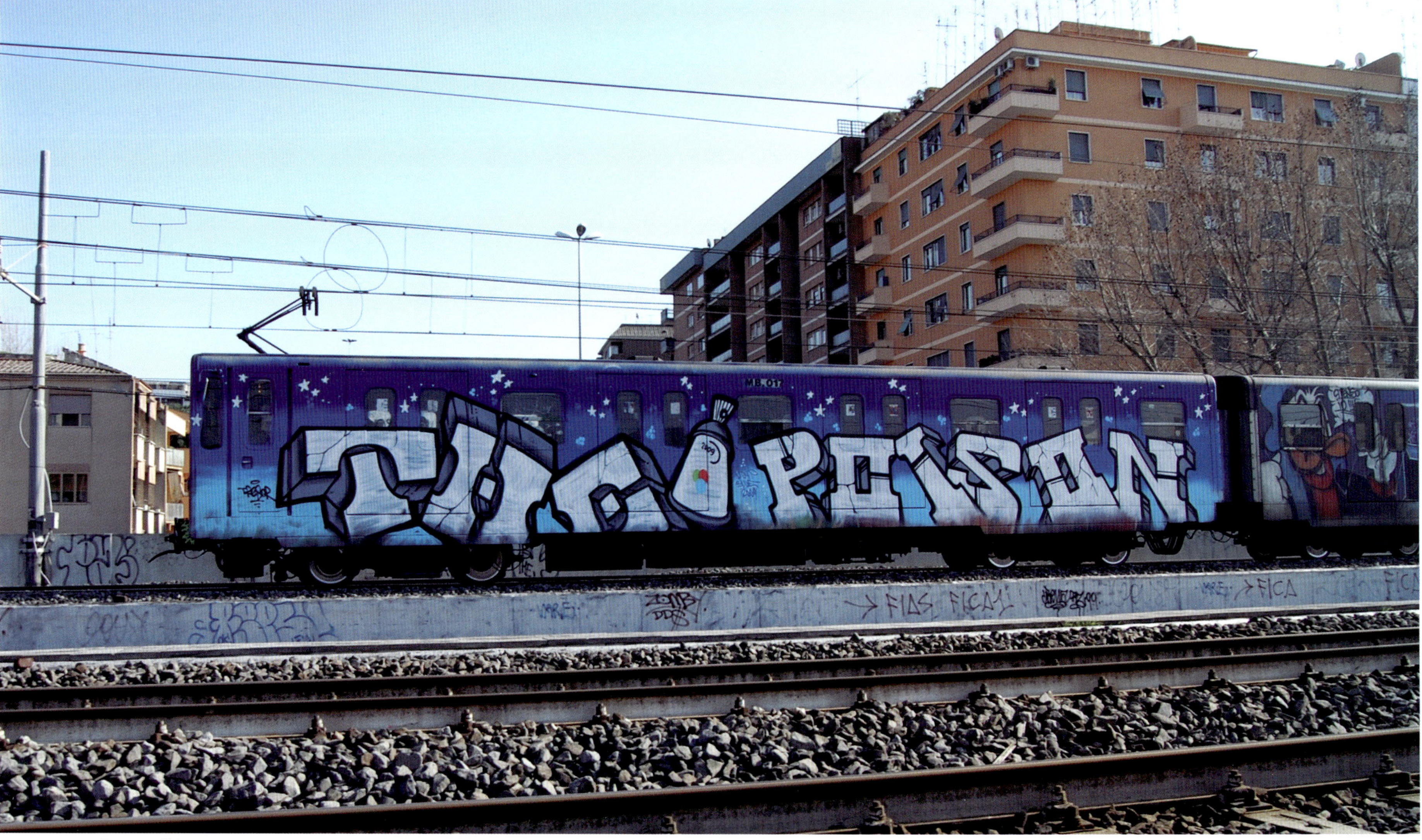

"Light Blue" by **Mr. The & Poison** | B line | 2009

“Blue Brothers” by **Poison & Mr. The** | B line | 2009

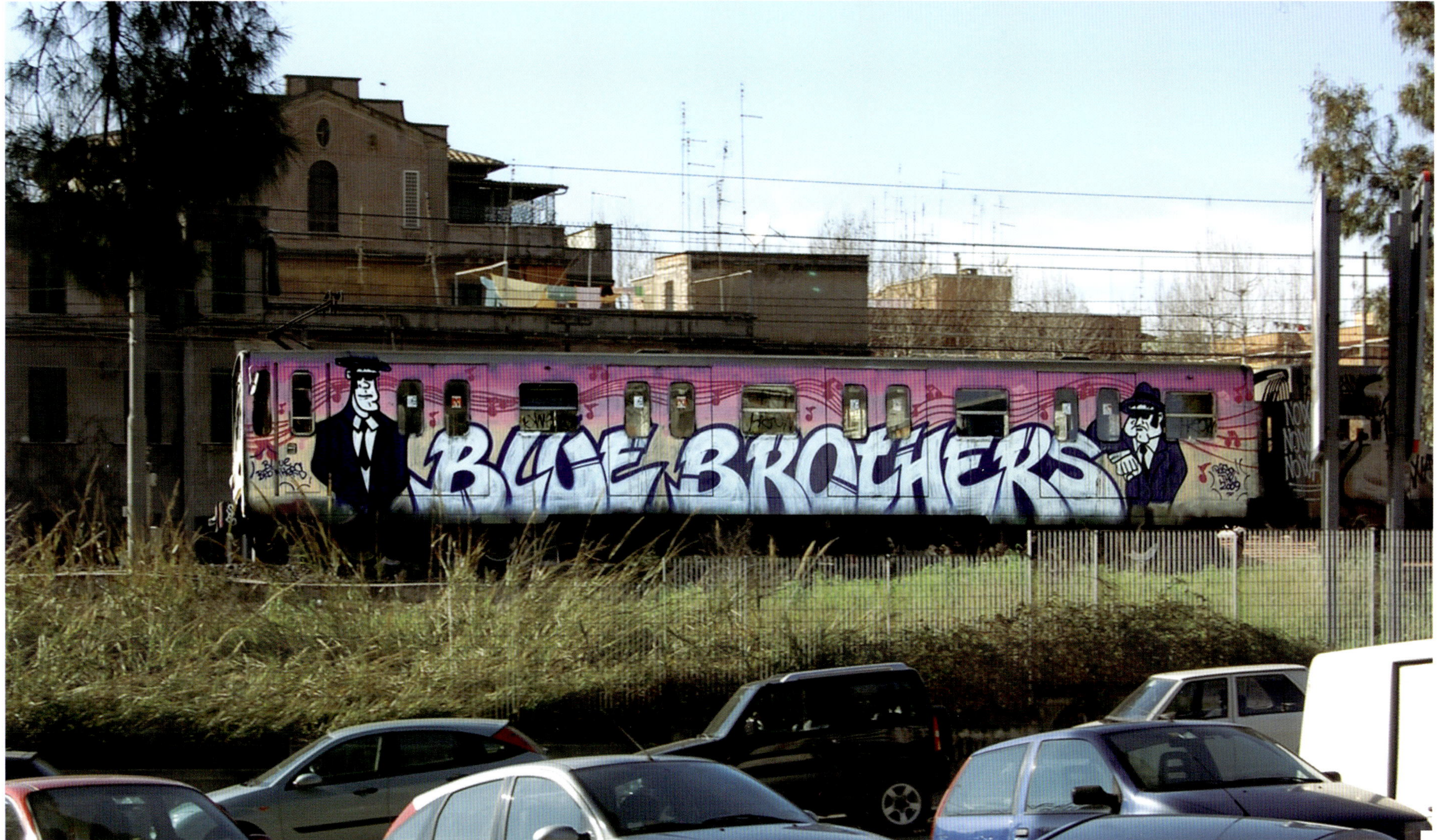

“Made in Roma” by **Poison** | Lido line | 2009

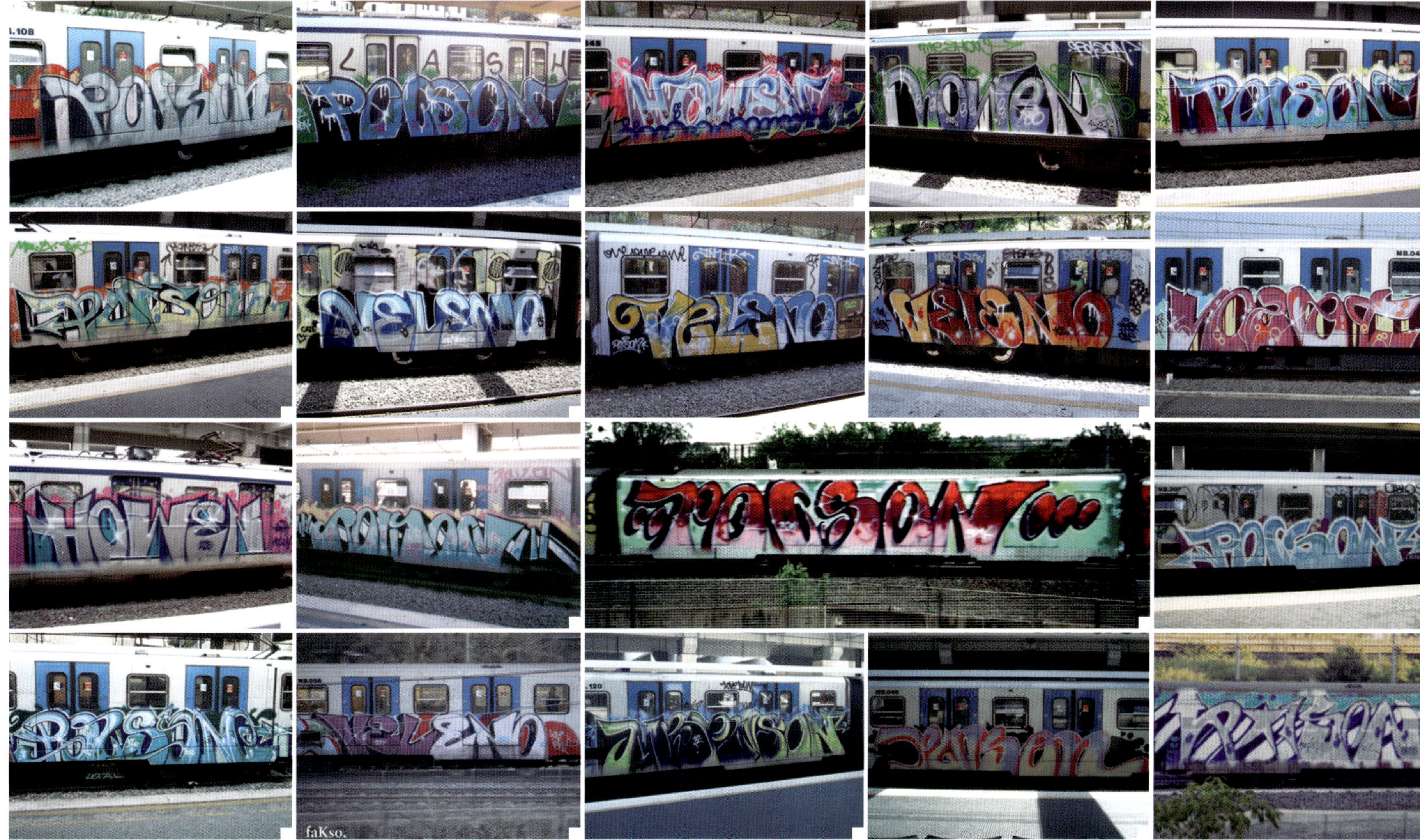

faKso.

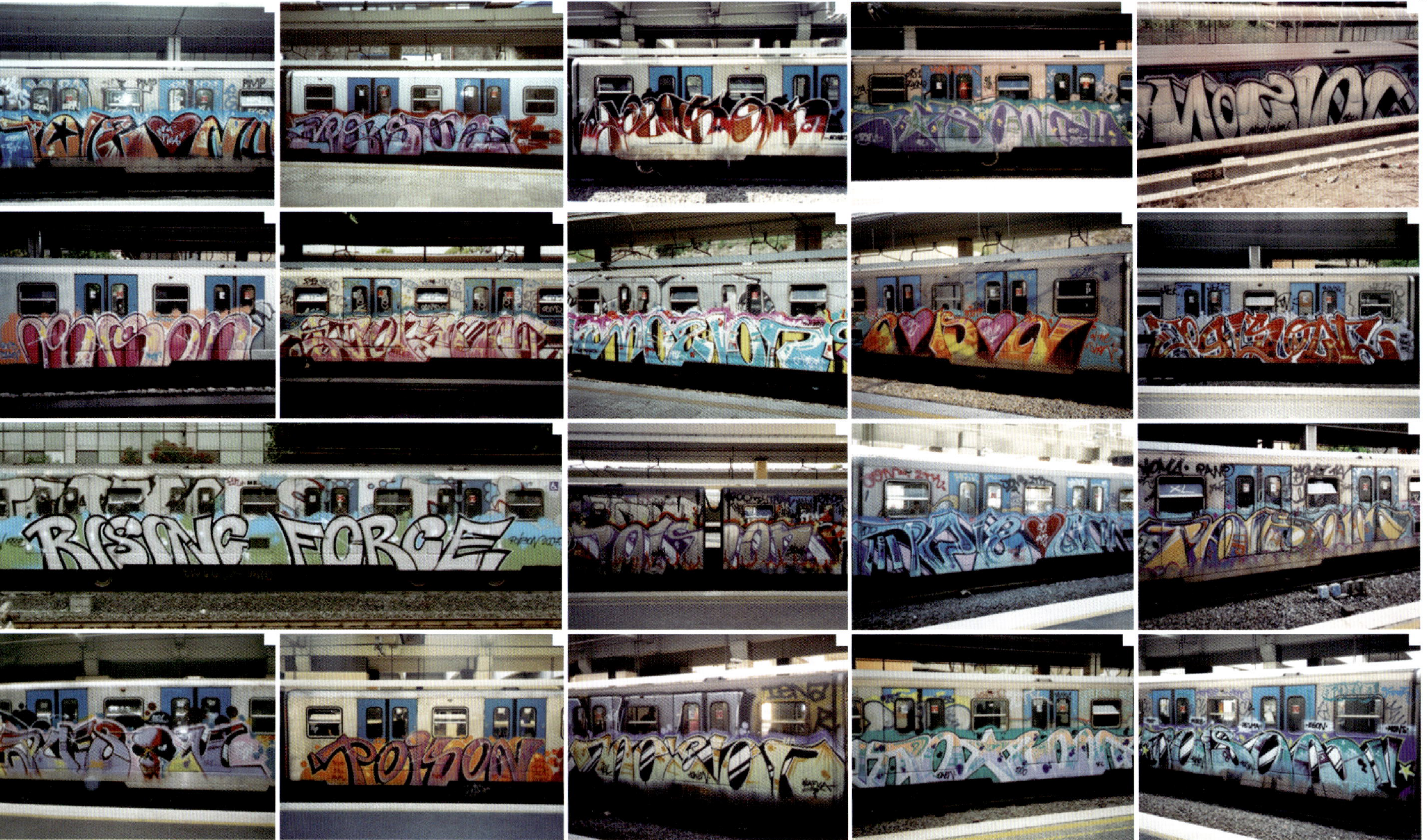
RISING FORCE
POISON

BLACKBOOK CULT SERIES

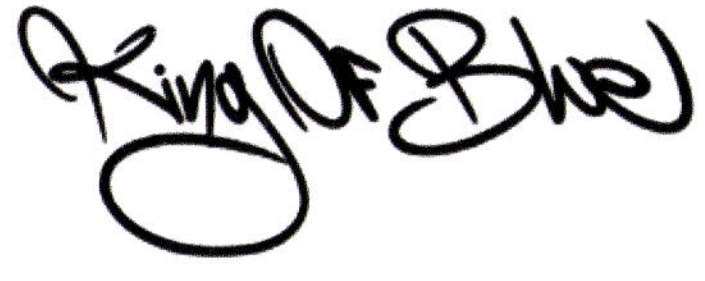

Publisher
Whole Train Press
GLOBCOM

Art Director and Text
Domenico de Girolamo
Annalisa Armillotta
Translation
Tania Bergamin
Graphic design
Mathieu Romeo

Printed in Italy - 2009

ISBN 978-88-904178-9-4

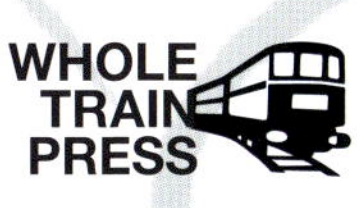

www.wholetrain.it

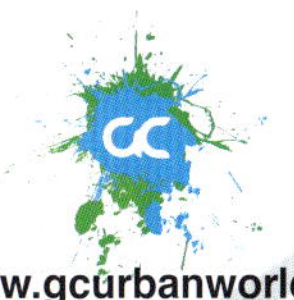

www.gcurbanworld.it

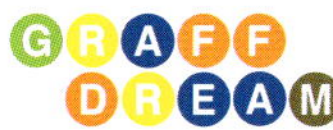

www.lotras.com

www.graffdream.it

The aim of this book is simply to document the writing on subway and trains... and not bla bla bla.